汽车维修专业技能人才培养工学一体化课程教材

汽车空调检修

王　杰　王玉彪/主　编

张　娜　彭保才/副主编

侯朋朋/主　审

人民交通出版社

北　京

内 容 提 要

本书是汽车维修专业技能人才培养工学一体化课程教材之一。主要内容包括汽车空调不制冷故障检修、汽车空调无暖风故障检修、汽车空调异味故障检修。

本书可作为技工院校汽车维修专业教材,也可供汽车维修人员及相关技术人员参考使用。

本教材配套数字资源,读者可免费扫码观看和在线学习;同时配有教学课件,教师可通过加入汽车技工教学研讨群(**QQ:428147406**)获取。

图书在版编目(CIP)数据

汽车空调检修/王杰,王玉彪主编. —北京:人民交通出版社股份有限公司,2025.5. —ISBN 978-7-114-20359-6

Ⅰ.U472.41

中国国家版本馆 CIP 数据核字第 2025YJ8020 号

书　　　名:**汽车空调检修**
著 作 者:**王　杰　王玉彪**
责任编辑:**李佳蔚**
责任校对:**卢　弦　武　琳**
责任印制:**张　凯**
出版发行:人民交通出版社
地　　　址:(100011)北京市朝阳区安定门外外馆斜街 3 号
网　　　址:http://www.ccpcl.com.cn
销售电话:(010)85285911
总 经 销:人民交通出版社发行部
经　　　销:各地新华书店
印　　　刷:北京印匠彩色印刷有限公司
开　　　本:787 × 1092　1／16
印　　　张:9
字　　　数:192 千
版　　　次:2025 年 5 月　第 1 版
印　　　次:2025 年 5 月　第 1 次印刷
书　　　号:ISBN 978-7-114-20359-6
定　　　价:30.00 元
(有印刷、装订质量问题的图书,由本社负责调换)

编审委员会名单

前言
Preface

为进一步贯彻落实《关于深化技工院校改革大力发展技工教育的意见》和《技工教育"十四五"规划》《推进技工院校工学一体化技能人才培养模式实施方案》等文件精神,对接汽车产业发展新趋势,满足汽车领域高质量发展对高素质技术技能人才的需求,人民交通出版社特组织江苏汽车技师学院、广西交通技师学院、贵州交通技师学院、杭州技师学院、浙江交通技师学院、江苏省交通技师学院、广西工业技师学院、北京汽车技师学院、日照市技师学院等20余所院校,共同编写了技工院校汽车维修专业工学一体化课程教材。

工学一体化培养模式是依据国家职业技能标准及技能人才培养标准,以综合职业能力培养为目标,将工作过程和学习过程融为一体,培育德技并修、技艺精湛的技能劳动者和能工巧匠的人才培养模式。本套教材秉承上述理念,落实《技工院校教材管理工作实施细则》,遵循知识和技能并重的改革方向,根据技工教育的特点以及技工院校学生的学习情况进行编写,具有以下特点:

(1)教材编写依据人社部最新发布的《汽车维修专业国家技能人才培养工学一体化课程标准》,贯彻以学生为中心、以能力为本位的教学理念,构建难度适当的理论知识体系,以学生的实操内容及职业素养培养为核心,围绕典型学习任务设计教材任务、活动,突出知识的实用性、综合性和先进性。教材按照四步法"明确任务、工作准备与计划制订、计划实施、评价反馈"编写而成,充分实现思想政治教育、知识传授、技能培养融合统一,持续推动技工院校内涵发展和特色发展。

(2)在教材编写过程中,充分吸纳行业、企业专家,深入了解目前行业、企业对本专业人才的实际需求,由相关企业提供部分配套的教学资源和技术支持,行业企业人员真正深度参与教材编写与开发。进一步提高技能人才培养质量,帮助学生从学校学习到就业工作紧密衔接。

(3)部分教材配备了丰富的教学资源(纸数融合),教材的知识点以二维码方式链接动画、视频资源,所有教材配有课件、习题及答案等,满足学生个性化学习的需求,提升教材使用体验感。

(4)在教材中融入了丰富的课程思政元素及党的二十大精神内容,增强民族自信,体现"培根铸魂,启智润心"教育目标,实现思想政治教育与技术技能培养的有机结合。

本书是汽车维修专业技能人才培养工学一体化课程教材之一,根据国家工学一体化汽车维修专业《汽车空调检修》课程标准编写,讲解汽车空调检修的典型工作任务。本书配有维修工单,紧贴实际工作岗位的具体要求,学生易于理解和记忆。

本书由日照市技师学院王杰、南昌汽车机电学校王玉彪担任主编,由北京汽车技师学院张娜、彭保才担任副主编。其中,学习任务一由张娜编写,学习任务二由彭保才编写,学习任务三由王杰、王玉彪共同编写。王杰对全书进行了统稿。

限于编者水平,书中难免有疏漏和错误之处,恳请广大读者提出宝贵建议,以便进一步修改和完善。

编　者
2024 年 11 月

目录
Contents

学习任务一

汽车空调不制冷故障检修

学习目标 》》》

1. 知识目标

(1) 能描述汽车空调制冷系统相关术语。

(2) 能描述汽车空调制冷系统作用及基本结构组成。

(3) 能描述汽车空调制冷系统工作过程。

(4) 能描述汽车空调储液干燥器、膨胀阀和压缩机的作用、类型、结构和工作原理。

(5) 能描述汽车空调压缩机电磁离合器的结构与工作原理。

(6) 能识读汽车空调散热风扇控制电路和空调压缩机电磁离合器控制电路。

2. 技能目标

(1) 能识别汽车空调制冷系统各部件及其安装位置。

(2) 能规范完成汽车空调储液干燥器、膨胀阀、节流管、压缩机、空调风扇和压缩机电磁离合器的检查、拆卸和安装。

(3) 能规范完成制冷剂纯度分析、制冷系统泄漏检测,并按照标准流程规范完成汽车空调制冷剂的回收和加注。

(4) 能规范完成汽车空调风扇控制电路和压缩机电磁离合器控制电路测量,并分析汽车空调风扇控制电路和压缩机电磁离合器控制电路简单故障。

(5) 能根据检修计划,规范选择工具、检测仪器与设备。

(6) 能正确记录、分析各种检测结果并做出故障判断。

3. 素养目标

(1) 养成做事细心、严谨的作风。

(2) 提高合作意识和创新精神。

(3) 养成良好的安全意识、"8S"管理意识,注重节约、节能和环保。

(4) 培养爱党报国、诚实守信、爱岗敬业的意识,培养精益求精的工匠精神。

参考学时 》》》

54 学时

任务描述 »»»

一辆汽车进厂维修,客户反映汽车空调不制冷。该车配置为手动空调,且仪表未出现异常故障报警情况。经班组长初步检查,判断为汽车空调制冷剂不足,压力过低,可能存在泄漏,需要对空调制冷系统(储液干燥器、膨胀阀、节流管、空调压缩机、空调风扇、压缩机电磁离合器等)进行检修。

学习活动 1 汽车空调制冷系统元件检修

一、明确任务

根据任务描述,需要对储液干燥器、膨胀阀、节流管、管路等部件进行检查与更换,使其恢复正常使用性能。

二、工作准备与计划制订

(一)知识准备

1.汽车空调制冷系统相关物理量

(1)温度。

温度是表示物体_____的物理量,是指物体_____的剧烈程度。温度只能通过物体随温度变化的某些特性来间接测量,而用来量度物体温度数值的标尺叫_____。目前用得较多的温标有华氏温标(℉)、摄氏温标(℃)。

(2)压力(压强)。

在空调制冷系统中物理量压力指的是压强。压力(压强)是指_____上所承受的均匀分布且垂直于该表面的力,单位是帕斯卡,简称帕,符号是 Pa。压强用来比较压力产生的效果,压强越大,压力的作用效果越明显。常用的单位是千帕(kPa)和兆帕(MPa)。

(3)湿度。

湿度,表示空气里含_____多少的程度。在一定温度和体积下的空气里含有的水蒸气越少,则空气越干燥;反之,则空气越潮湿。

(4)汽化与冷凝。

汽化是指对液体加热,使物质从液态变为_____的相变过程,如图 1-1 所示。冷凝是指蒸气遇冷,从气态变为_____的相变过程。

图1-1 汽化示意图

2.汽车空调制冷系统结构组成和工作过程

(1)汽车空调制冷系统结构组成。

汽车空调制冷系统的基本结构组成如图1-2所示。汽车空调制冷系统主要由
_____、_____、_____、_____、_____、管路和高低压
开关等组成,其主要部件的名称、功用及实物图片见表1-1。

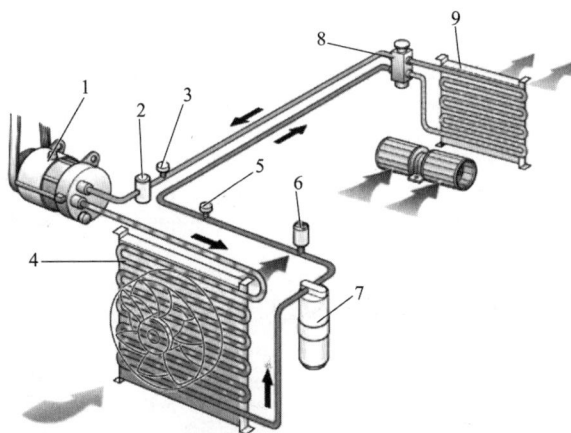

图1-2 汽车空调制冷系统结构组成

1-压缩机;2、6-高、低压传感器;3、5-高、低压检测阀;4-冷凝器;7-储液干燥器;8-膨胀阀;9-蒸发器

汽车空调制冷系统主要部件名称、功用及实物图片对照表 表1-1

元件名称	序号	功用	实物图片
压缩机	1	压缩制冷剂,使制冷剂从低温、低压转换成高温、高压,维持制冷剂在系统中进行不断循环	

元件名称	序号	功用	实物图片
冷凝器	4	将空调压缩机排出的高温高压制冷剂蒸气散热降温,使其凝结为液态中温高压制冷剂	
储液干燥器	7	储存制冷剂,过滤制冷剂中的杂质,提供液态制冷剂的缓冲空间	
膨胀阀	8	节流降压和控制制冷剂的流量	
蒸发器	9	使低温、低压液态制冷剂在其管道中蒸发成气态,吸收周围空气中的热量降温	

元件名称	序号	功用	实物图片
压力开关、压力传感器	2、6	检测制冷系统中高低压侧压力,适时调节压力,当压力过高或过低时,使制冷系统停止工作	
高、低压检测阀	3、5	多为高、低压回路检测口或加注口	低压 高压

（2）汽车空调制冷系统工作过程。

汽车空调制冷循环工作过程由压缩、冷凝、膨胀和蒸发四个过程组成,以_____为界,膨胀阀之前(压缩机—冷凝器—储液干燥器—膨胀阀)的制冷剂呈_____状态,称为高压侧,相应的管道称为高压管;膨胀阀之后(膨胀阀—蒸发器—压缩机)的制冷剂呈_____状态,称为低压侧,相应的管道称为低压管,如图1-3所示。

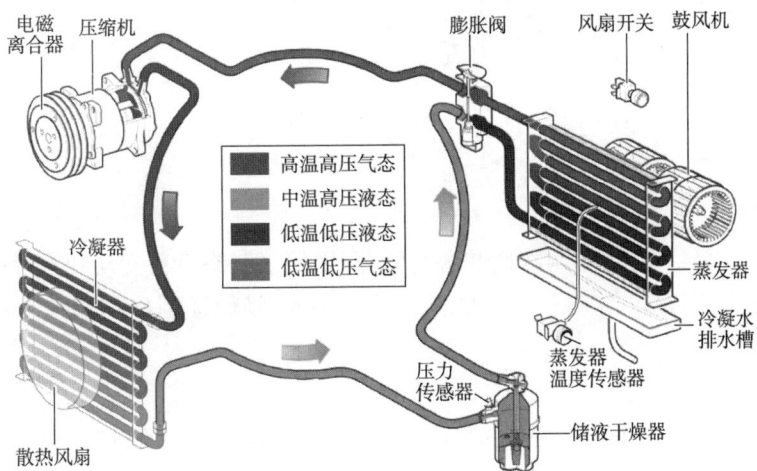

图1-3　汽车空调制冷循环工作过程图

空调制冷系统工作原理

①压缩过程。

压缩机将来自_____的低温低压气态制冷剂压缩成_____气态制冷剂,送往_____冷却降温。

②冷凝过程。

送往冷凝器的高温高压气态制冷剂,在温度高于外部温度很多时,向外散热进行热交换,制冷剂被冷凝成_____,且压力为 1.0～1.2MPa 的液态制冷剂。

③膨胀过程。

冷凝后的液态制冷剂经过膨胀阀后,体积_____,其_____急剧下降,变成低温低压的湿蒸气,以便进入蒸发器中迅速吸热蒸发。在膨胀过程中同时进行节流控制,以便供给蒸发器所需制冷剂,从而达到控制温度的目的。

④蒸发过程。

蒸发器里的液态制冷剂吸收车内空气的热量而_____,变成低温低压的气态制冷剂,然后又被压缩机吸入进行下一轮_____。

3. 汽车空调储液干燥器

(1)储液干燥器的安装位置。

汽车空调储液干燥器一般安装在汽车发动机舱内,位于汽车_____和_____之间,如图 1-4 所示。

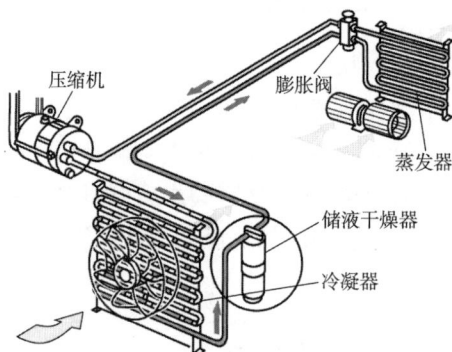

图 1-4　储液干燥器的安装位置

(2)储液干燥器的作用。

①储存制冷剂。

接收来自_____的液态制冷剂并暂时储存,以便当制冷负荷变动和系统中有微漏时能及时补充和调整供给_____的液态制冷剂量,以保证制冷剂流动的连续和稳定。

②过滤杂质。

过滤掉制冷剂中的尘埃、油泥、焊剂、锈蚀、污垢和金属末等杂质,这些杂质会损伤_____气缸壁和轴承,还会堵塞过滤网和_____。

③吸收湿气。

储液干燥器中放置了干燥剂,可以吸收汽车空调系统的湿气,以保持制冷剂的_____。空调系统中的湿气将会腐蚀空调功能部件,还可能形成"冰堵",常见在膨胀阀的节流小孔处冻结,会造成制冷剂管路堵塞等。

（3）储液干燥器的结构。

汽车空调储液干燥器主要由干燥器盖、_____、_____、干燥剂、输液管组成，如图 1-5 所示，干燥器盖上设有制冷剂入口和制冷剂出口，并装有观察镜（部分储液干燥器有）和易熔塞，且易熔塞的中部开有小孔，孔中灌有低熔点金属。

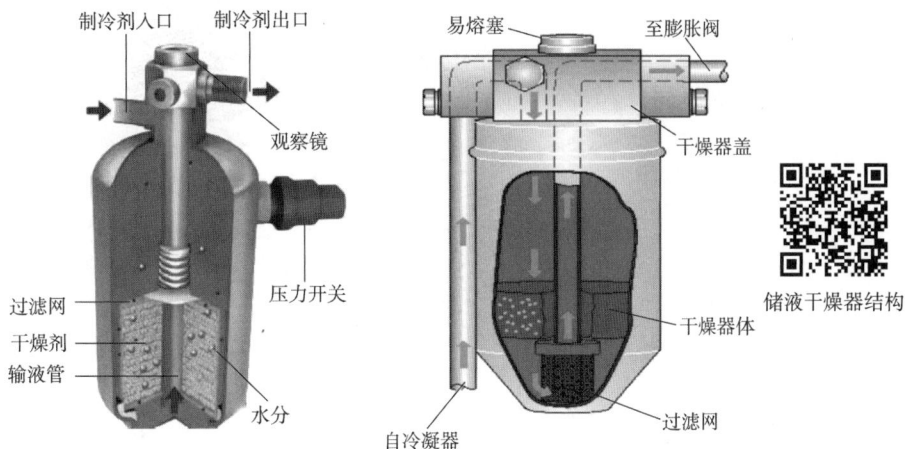

图 1-5 储液干燥器的结构

（4）储液干燥器的工作过程。

来自_____的制冷剂从制冷剂入口进入储液罐内并沿着壳体内侧向下流动，经过过滤网、干燥剂之后，过滤_____和消除_____；当空调系统中高压侧压力达到 2.9MPa，温度达到 95℃时，易熔塞的低熔点金属_____，将制冷剂气体排放到大气中，防止整个空调系统遭受损坏；观察镜用来观察储液干燥器中制冷剂的流动情况，当制冷剂不足时，气泡呈现_____状态；当制冷剂充足时，气泡呈现_____状态；当制冷剂过满时，气泡呈现_____状态，如图 1-6 所示。

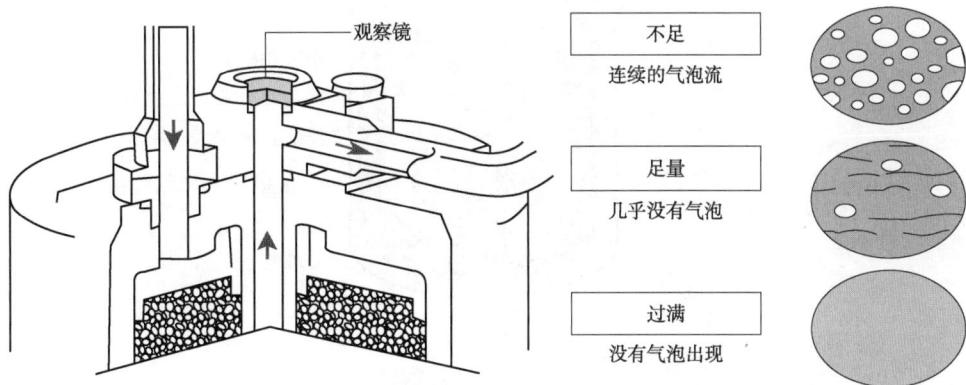

图 1-6 储液干燥器中制冷剂的流动情况

有些储液干燥器上装有_____，供维修系统安装压力表和加注制冷剂使用；有些车型的储液干燥器上装有_____，可在系统压力不正常时，终止压缩机工作。

4.汽车空调集液器

集液器用于_____式的制冷系统,安装在蒸发器出口处的管路中,如图1-7所示。

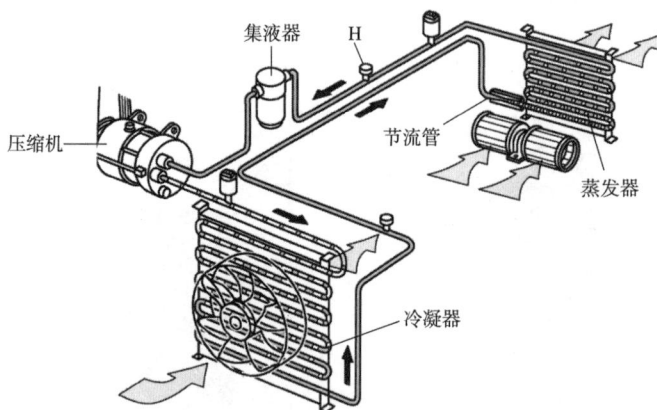

图1-7 集液器的安装位置

由于节流管无法调节制冷剂的_____,因此,蒸发器出来的制冷剂不一定全部是_____,可能有部分液体,故为防止压缩机损坏,在_____出口处安装集液器。集液器一方面将制冷剂进行_____分离,另一方面起到与储液干燥器相同的作用,其结构如图1-8所示。

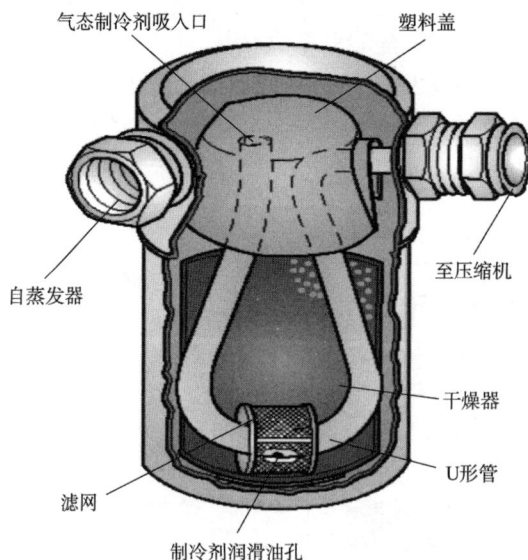

图1-8 集液器的结构

5.汽车空调节流装置

汽车空调节流装置主要用来_____液态制冷剂的压力,使制冷剂能在蒸发器中蒸发,是系统_____和_____的分界点。

汽车空调常用的节流装置有_____和_____两种,安装在蒸发器的进口前,如图1-9所示,膨胀阀式制冷系统,需要在_____出口和膨胀阀之间配置储液干燥器;节流管式制冷系统,需要在蒸发器出口和_____入口之间配置集液器。

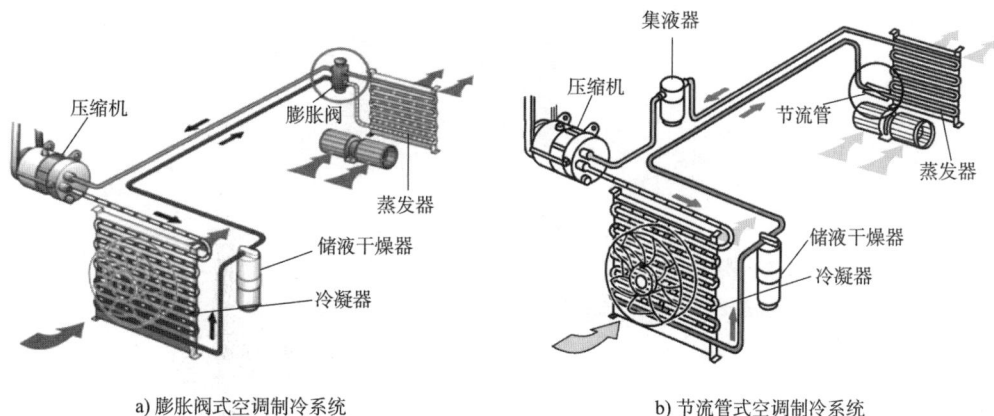

图1-9 节流装置的安装位置

a) 膨胀阀式空调制冷系统

b) 节流管式空调制冷系统

（1）膨胀阀。

①作用。

膨胀阀的作用主要包括以下两方面。

a. 节流降压:高温高压的液态制冷剂经过膨胀阀的节流孔节流后,成为低温低压的_____制冷剂,便于通过蒸发器时达到_____的目的。

b. 控制液态制冷剂流量:调节和控制进入蒸发器中的液态制冷剂量,使之适应制冷负荷的变化,保证蒸发器的出口完全为_____制冷剂,若流量过大,出口含有液态制冷剂,进入压缩机会导致_____;若流量过小,导致液态制冷剂提前蒸发完毕,会造成制冷_____。

②类型。

按照节流方式不同,膨胀阀一般分为_____和_____两种,外平衡式又分为_____和_____两种结构形式。

a. 内平衡式膨胀阀。

如图1-10所示,内平衡式膨胀阀主要由_____、_____和_____组成。内平衡式膨胀阀的感温包内充注制冷剂气体,放置在蒸发器出口管道上,感温包和膜片上部通过_____相连,感受蒸发器出口制冷剂的_____,膜片下面感受到的是蒸发器入口压力。如果空调负荷增加,液态制冷剂在蒸发器提前蒸发完毕,则蒸发器出口制冷剂温度将_____,膜片上压力_____,推动阀杆使膨胀阀开度增大,进入到蒸发器中的制冷剂流量增加,制冷量增大;如果空调负荷减小,则蒸发器出口制冷剂温度_____,以同样的作用原理使得膨胀阀开度_____,从而控制制冷剂的_____。

a) 内平衡式膨胀阀的结构

b) 内平衡式膨胀阀的工作原理

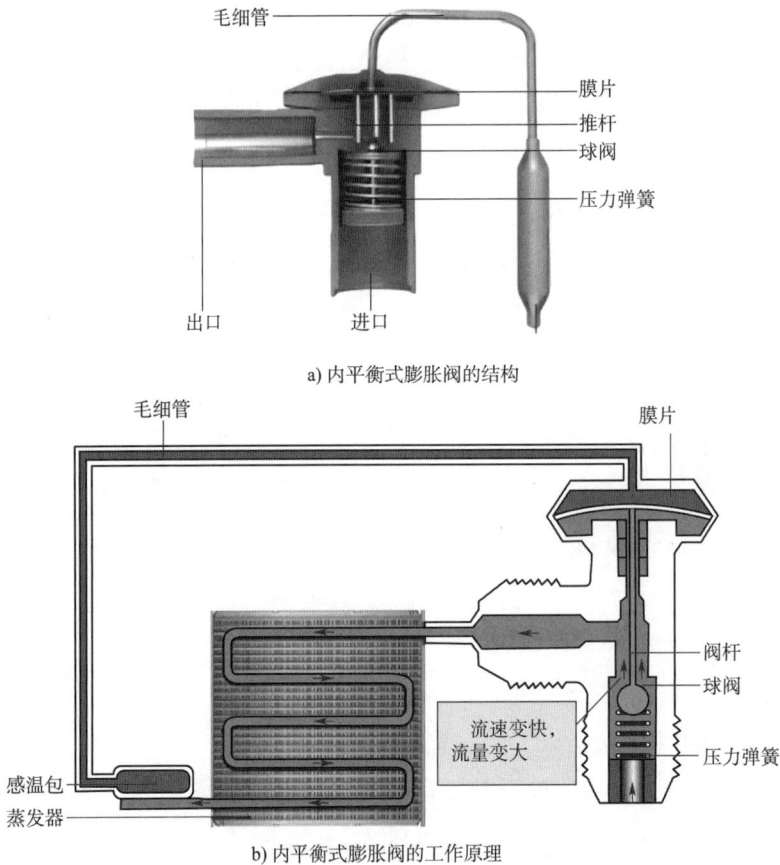

图1-10　内平衡式膨胀阀的结构和工作原理图

b. F型外平衡式膨胀阀。

F型外平衡式膨胀阀的结构和工作原理图如图1-11所示。外平衡式膨胀阀的工作原理与内平衡式膨胀阀基本相同,区别是内平衡式膨胀阀膜片下方感受到的是蒸发器_____压力,而外平衡式膨胀阀膜片下方感受到的是蒸发器_____压力,所以在结构上,增加了一根连接膜片下方和蒸发器出口的平衡管。

c. H型外平衡式膨胀阀。

H型外平衡式膨胀阀的结构和工作原理图如图1-12所示。H型热力膨胀阀有四个接口与制冷系统连接,其中两个接口与普通膨胀阀相同,一个连接储液干燥器,一个连接_____;另外两个接口,一个连接蒸发器出口,一个连接_____。感温包直接处在蒸发器出口的制冷剂气流中。该膨胀阀由于取消了F型热力膨胀阀中的_____、_____和_____,提高了调节灵敏度,结构紧凑,抗振可靠。

(2)节流管。

节流管是一种固定孔口的节流装置,也称为_____或固定孔管。节流管的作用是将液态制冷剂节流降压,使之成为_____的气液同时存在的制冷剂(由于不能调节流量)。

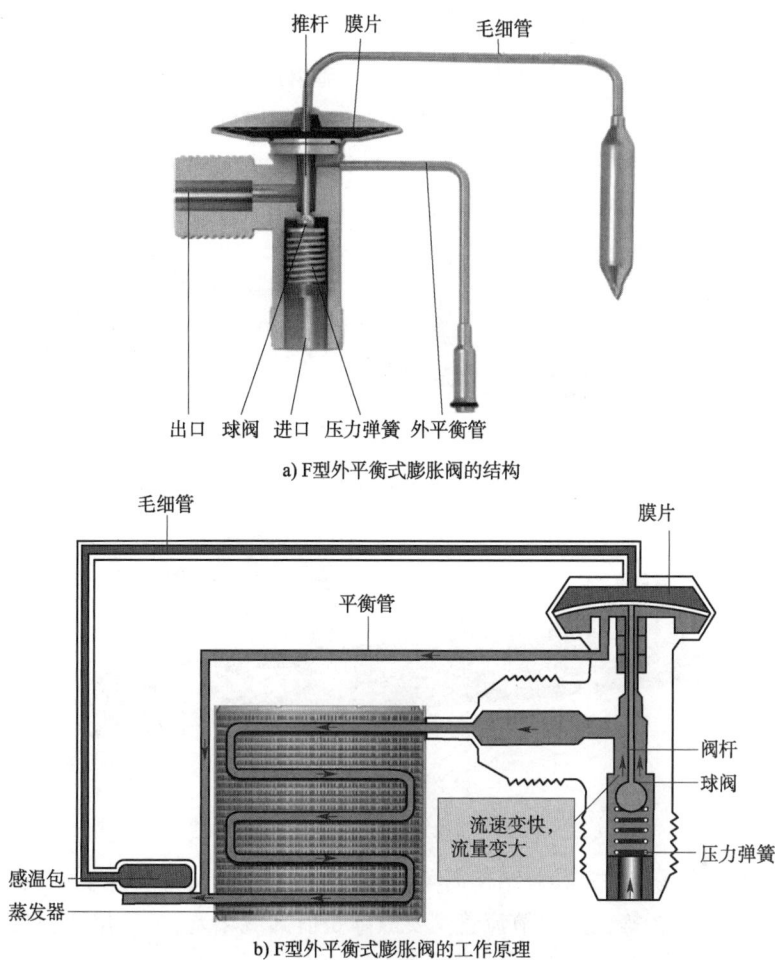

a) F型外平衡式膨胀阀的结构

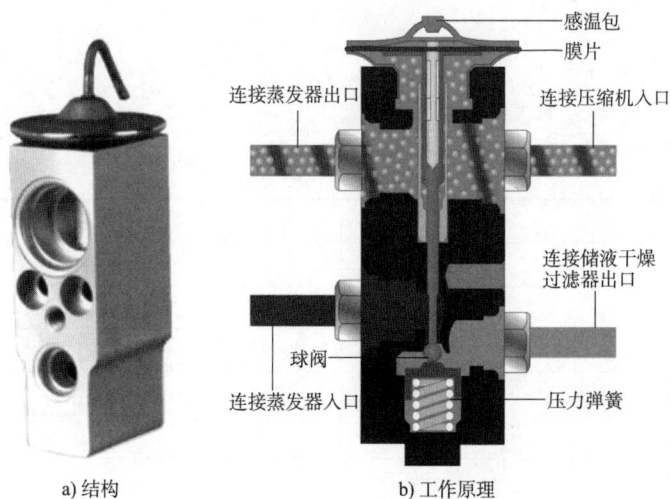

b) F型外平衡式膨胀阀的工作原理

图 1-11　F 型外平衡式膨胀阀的结构和工作原理图

a) 结构　　　　　　　　　b) 工作原理

图 1-12　H 型外平衡式膨胀阀的结构和工作原理图

节流管的结构和工作原理图如图1-13所示。节流管一般是耐腐蚀性的金属材质，主要由灰尘滤网、_____、○形圈和_____组成。当制冷剂在膨胀节流管中流动时，由于管径突然扩大，流速_____，压力_____，制冷剂从液态变为气液混合态，然后迅速膨胀_____吸热，从而起到制冷的效果。

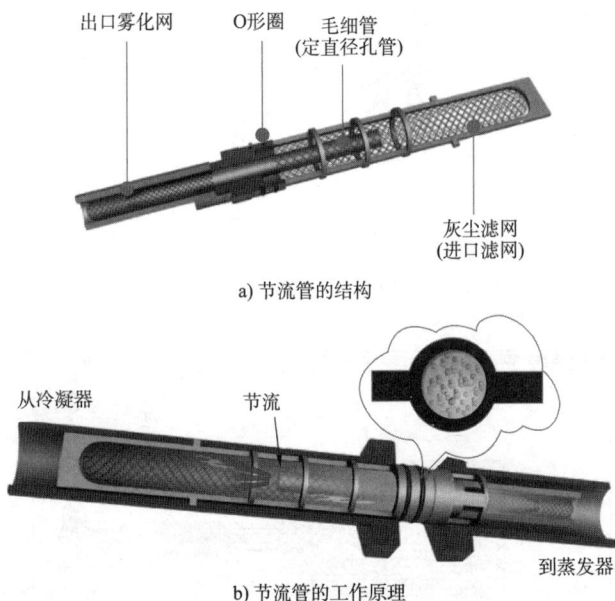

出口雾化网　　　O形圈　　　毛细管
　　　　　　　　　　　　　（定直径孔管）

灰尘滤网
（进口滤网）

a) 节流管的结构

从冷凝器　　　　　节流

到蒸发器

b) 节流管的工作原理

图1-13　节流管的结构和工作原理图

节流管没有运动部件，具有结构简单、可靠性高、能耗低、维护成本低、适用于恶劣环境和长期稳定运行等优点。节流管主要故障是泄漏或堵塞，一旦堵塞，只能更换，注意同时还要更换_____。

(二) 制订工作方案

1. 任务分工

学生任务分配见表1-2。

学生任务分配表　　　　　　　　　　　表1-2

班级		组号		指导老师	
组长		任务分工			
组员1		任务分工			
组员2		任务分工			
组员3		任务分工			
组员4		任务分工			
组员5		任务分工			
组员6		任务分工			

2. 工量具、仪器设备与耗材准备

(1)使用的工量具有：_____。

(2)使用的仪器设备有：_____。

(3)使用的耗材有：_____。

3. 具体方案描述

_____

_____

_____

_____

_____。

三、计划实施

(一)安全注意事项及技能要点

1. 安全注意事项

(1)拆卸前,关闭车辆电源,松开蓄电池负极。

(2)拆卸前,做好防护准备,戴防护手套、护目镜等。

(3)在处理制冷剂时,要避免制冷剂泄漏。

(4)制冷剂回收和加注时,避开火源。

(5)在操作过程中,要保持通风良好,避免因缺氧而发生意外。

2. 技能要点

(1)正确使用拆装工具。

(2)规范操作高压气枪。

(3)规范使用制冷剂回收加注设备。

(4)正确封闭高低压管路接口。

(5)正确更换管路接口的〇形圈。

(6)装配螺栓达到规定力矩。

(7)按照"8S"要求整理。

(二)汽车空调制冷元件检修任务实施

1. 汽车空调储液干燥器检修

汽车空调储液干燥器检修操作方法及说明见表1-3。

汽车空调储液干燥器检修操作方法及说明   表 1-3

步骤	操作方法及说明	质量标准及记录
1. 汽车空调储液干燥器的检查	(1)检查观察镜和连接接头是否有损坏,并予以更换; (2)压缩机运转,用手触摸储液干燥器的进出管路,若温差很大,或者进口烫手,出口接近大气温度,说明储液干燥器堵塞,则拆卸清洗滤网或储液干燥器	□ 正确判断储液干燥器是否堵塞
2. 汽车空调储液干燥器(储液干燥器罐)拆卸	(1)使用制冷剂回收加注设备回收制冷剂(详见学习任务一的学习活动2); (2)拆下冷凝器; (3)清洁储液罐及其周围区域,去除储液罐上的污物和锈迹; (4)从储液罐上拆下装配螺栓; (5)向上提起储液罐支架,从冷凝器的突出部分拆下支架; (6)向上滑动储液罐,然后拆下储液罐 	□ 正确回收空调制冷剂 □ 正确清洁储液罐及周围区域 □ 规范使用拆卸工具

续上表

步骤	操作方法及说明	质量标准及记录
3.汽车空调储液干燥器的安装	储液干燥器的安装顺序与拆卸相反,注意事项如下: (1)不得重复使用拆下的储液干燥器,直立式储液干燥器安装时一定要垂直,倾斜度不得超过15°; (2)安装前不得过早将进出管口的包装打开,以免湿空气侵入,使之失去除湿的作用; (3)安装前要先明确进、出口端,进口端用"IN"标注,出口端用"OUT"标注,或直接打上箭头,如果进、出口相互接反,则会导致制冷剂量不足; (4)管路接口更换新的〇形圈,且在〇形圈上涂抹压缩机机油; (5)装配螺栓拧紧到规定力矩; (6)重新加注制冷剂时,检查是否存在泄漏	□正确安装储液干燥器 □正确更换管路接口的〇形圈 □装配螺栓达到规定力矩 □按照"8S"要求整理

2.汽车空调膨胀阀检修

汽车空调膨胀阀检修操作方法及说明见表1-4。

汽车空调膨胀阀检修操作方法及说明　　　　　　　　　　表1-4

步骤	操作方法及说明	质量标准及记录
1.汽车空调膨胀阀的拆卸	(1)使用制冷剂回收加注设备回收制冷剂(详见学习任务一的学习活动2); (2)拆卸膨胀阀与蒸发器接口处的高压管(细管)和低压管(粗管),用乙烯基胶带等合适的材料盖住或缠住管路接口; (3)拆卸膨胀阀至蒸发器的装配螺栓; (4)将膨胀阀从蒸发器芯上拆下 	□正确回收空调制冷剂 □规范使用拆卸工具 □正确封闭管路接口

步骤	操作方法及说明	质量标准及记录
2. 汽车空调膨胀阀的检查	(1)检查膨胀阀进口处的滤网(有些膨胀阀没有滤网),如有污物则要清洗; (2)检查膨胀阀的感温包有无渗漏,如有就需要换新件。 注意:膨胀阀是制冷系统中灵敏度极高的元件,检修时应特别小心,防止损伤	□ 正确判断膨胀阀的滤网是否脏污 □ 正确判断膨胀阀的感温包是否渗漏
3. 汽车空调膨胀阀的安装	膨胀阀的安装顺序与拆卸相反,注意事项如下: (1)膨胀阀更换新的○形圈,并在○形圈上涂抹压缩机机油; (2)高压管路和低压管路的○形圈不同,要准确区分; (3)如果分解和清洗,装配后要进行性能检测和调整(拆卸时注意螺栓转动的圈数)	□ 正确安装膨胀阀 □ 正确更换管路接口的○形圈 □ 装配螺栓达到规定力矩 □ 按照"8S"要求整理

3. 汽车空调节流管检修

汽车空调节流管检修操作方法及说明见表1-5。

汽车空调节流管检修操作方法及说明 表1-5

步骤	操作方法及说明	质量标准及记录
1. 汽车空调节流管的拆卸	(1)使用制冷剂回收加注设备回收制冷剂(详见学习任务一的学习活动2); (2)把蒸发器进口管拆下,把进液管中的所有碎片、污物清理干净; (3)在节流管的密封部分添加一些压缩机机油; (4)把拆卸工具(T形套筒中加了一个开槽的圆管)上的槽对准节流管上的柄脚(凸起)并插入; (5)转动T形手柄,使开口圆管夹住节流管; (6)握住T形手柄(千万别转动),顺时针转动外面的细长形六角套筒,拉出节流管 节流管拆卸工具 切口 蒸发器 蒸发器进液管　节流管	□ 正确回收空调制冷剂 □ 正确使用节流管拆卸工具

续上表

步骤	操作方法及说明	质量标准及记录
2.汽车空调节流管的安装	节流管的安装顺序与拆卸相反,注意事项如下: (1)将蒸发器进液管清理干净; (2)节流管外表涂上压缩机机油; (3)更换新的〇形密封圈	□正确安装节流管 □正确更换管路接口的〇形圈 □按照"8S"要求整理

⚙ 四、评价反馈

评价内容见表1-6。

评价表   表1-6

评分项目	评分标准	分值	得分
学习目标	能明确本任务的知识、技能、素养目标,理解任务在工作中的重要程度	5	
工作任务分析	能清晰描述完成本次工作任务内容	2	
	能清晰描述完成本次工作任务需必备的技能与知识点	2	
有效信息获取	能查阅资料获取汽车空调制冷系统相关物理量	2	
	能查阅资料获取汽车空调制冷系统结构组成	3	
	能查阅资料获取汽车空调制冷系统工作过程	3	
	能查阅资料获取汽车空调储液干燥器的作用、结构和工作过程	3	
	能查阅资料获取汽车空调集液器作用和结构	3	
	能查阅资料获取汽车空调膨胀阀的作用、类型、结构和工作原理	3	
	能查阅资料获取汽车空调节流管作用、结构和工作原理	3	
实施方案制订	能清晰地制订并填写本次汽车空调制冷系统元件检修的准备作业计划	10	
	能组织或协同工作小组成员,明确本次任务所需仪器设备、工具、材料的准备与清点,并准备记录	10	
	能组织或协同工作小组成员交流,优化检查方案并记录	5	
任务实施	能按照规范流程,完成储液干燥器的拆装与检修	10	
	能按照规范流程,完成膨胀阀的拆装与检修	10	
	能按照规范流程,完成节流管的拆装与检修	10	

续上表

评分项目	评分标准	分值	得分
任务评价	通过本次任务实施,结合自己在实训过程中的表现,进行自我评价及自我反思并记录	3	
职业素养	按规定时间完成项目作业	2	
	遵守实训室管理规定、劳动纪律	2	
	积极参与课堂活动、回答问题	2	
	能够按时出勤	2	
思政要求	养成做事细心、严谨的作风	2	
	提高合作意识和创新精神	2	
	养成良好的安全意识、"8S"管理意识,注重节约、节能和环保	1	
总计		100	

改进建议:

教师签字:

日期:

学习活动 2 汽车空调制冷剂的回收与加注

一、明确任务

根据任务描述,需要对汽车空调制冷剂进行回收与加注,使其恢复正常使用性能。

二、工作准备与计划制订

(一)知识准备

1.制冷剂纯度分析

汽车空调制冷剂一般采用 R134a,该制冷剂没有氯,因而不会破坏_____。

R134a 的毒性很低、无腐蚀,空气中不易燃,但是大量的排放到空气中会导致_____。

在空调加注制冷剂前,需要用制冷剂纯度分析仪对车辆原有的_____进行分析,并确定制冷剂的_____,保证制冷效果,避免造成空调系统部件的损坏。在回收制冷剂时,纯度分析仪可以鉴定回收的制冷剂,避免污染质量合格的制冷剂,造成浪费。回收制冷剂的纯度应大于_____,对不合格的制冷剂进行处理,可以大大降低空调维修设备的损坏概率。

制冷剂纯度分析仪的基本结构如图 1-14 所示。制冷剂纯度分析仪主要用来检验制冷剂的类型、纯度、非凝性气体以及其他杂质,它能鉴别 5 种成分:_____,_____,R22,HC,AIR(空气),纯度以百分比显示,精度为 0.1%。

2. 制冷剂泄漏检测

空调系统制冷剂泄漏,会对环境产生不良影响。如果长时间接触制冷剂泄漏,挥发物可能对人体的_____和_____系统造成危害。空调系统中制冷剂达到一定程度泄漏,会导致_____下降,制冷系统部件损坏等故障,所以,需要正确地使用和维护空调系统,可以减少制冷剂泄漏的风险。空调系统管路中容易产生泄漏的部位见表 1-7。

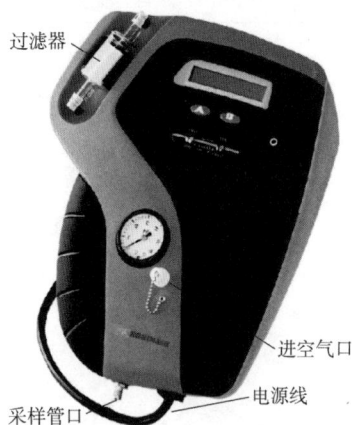

图 1-14　制冷剂纯度分析仪

空调系统管路中容易产生泄漏的部位　　表 1-7

元器件	容易产生泄漏的部位
冷凝器	接头、冷凝器管路、冷凝器壳体
储液干燥器	接头、储液干燥器罐体
蒸发器	接头、蒸发器管路、蒸发器壳体
压缩机	接头、压缩机壳体、压缩机油封
制冷剂管路	接头、高压阀口、低压阀口、制冷剂硬管、制冷剂软管

制冷剂泄漏的检测方法有以下几种。

(1)目测检漏法。

通过观察制冷系统外部是否有_____或_____,判断是否有泄漏。需要注意的是,这种方法只能检测到较大的泄漏,对于微小的泄漏可能无法发现。

(2)肥皂水检漏法。

将肥皂水涂抹在可疑的泄漏部位,如有_____产生,则说明该处存在泄漏。这种方法简单易行,但精度不高,容易漏检。

（3）卤素灯检漏法。

使用卤素灯检查时,应严格遵守其使用方法。待火焰调整正确之后,让＿＿＿＿＿＿靠近被检测部位,观察＿＿＿＿＿＿的变化,则可判断泄漏情况。

（4）电子式卤素检漏测试仪检测法。

电子式卤素检漏测试仪是一种专门设计用于检测含有＿＿＿＿＿＿的气体泄漏的仪器,如图1-15所示。这类仪器通常使用一个高灵敏度的传感器来探测空气中＿＿＿＿＿＿的存在,包括氟、氯、溴、碘等元素及其化合物,有泄漏时会发出报警声,在对汽车空调制冷剂泄露的检查中得到广泛使用。

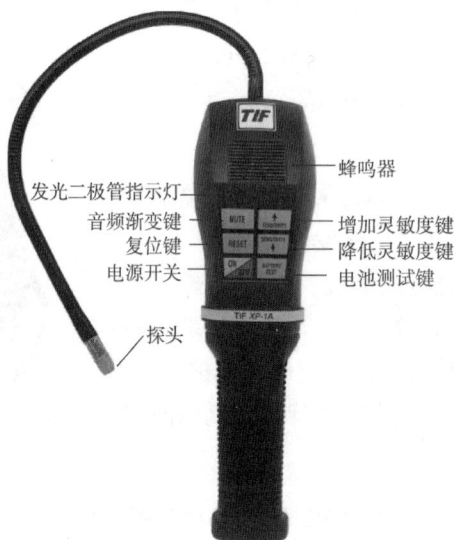

发光二极管指示灯
音频渐变键
复位键
电源开关
探头
蜂鸣器
增加灵敏度键
降低灵敏度键
电池测试键

图1-15　电子式卤素检漏测试仪

3. 制冷剂回收加注机

一般空调制冷剂的更换周期需要根据实际情况而定,如果发现制冷效果变差或出现制冷剂泄露等情况,应及时检查并补充或更换制冷剂,同时补充或更换＿＿＿＿＿＿（冷冻机油）。目前,与R134a相溶的润滑油只有聚烃基乙二醇（PAG）和＿＿＿＿＿＿（ESTER）两类。

冷冻润滑油在空调制冷系统中完全溶于制冷剂,并伴随制冷剂一起在制冷系统中循环,起到＿＿＿＿＿＿、＿＿＿＿＿＿、＿＿＿＿＿＿、降低压缩机噪声的作用。冷却润滑油分布在制冷系统的各个元件中,如图1-16所示。冷冻润滑油必须定量加注,若加注过多,会聚集在＿＿＿＿＿＿或蒸发器中,影响散热和吸热效果,使制冷系统工作不良。

制冷剂回收加注机是一种专门用于汽车空调系统和其他使用制冷剂的设备中进行制冷剂＿＿＿＿＿＿、再生、＿＿＿＿＿＿、存储和＿＿＿＿＿＿工作的专业工具,如图1-17所示,其主要功能如下。

（1）制冷剂回收:从空调系统中安全地抽取制冷剂,避免直接将制冷剂排放到大气中造成＿＿＿＿＿＿。回收过程是将制冷剂转移到冷媒罐中的过程。

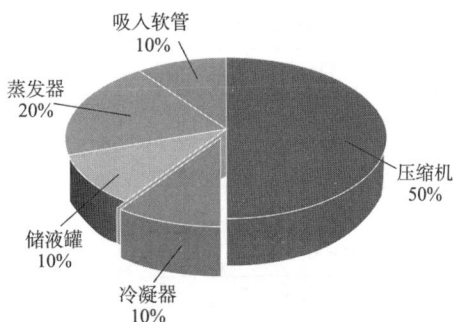

图 1-16 制冷剂回路中冷冻润滑油量的分布

(2)制冷剂再生:对旧的、可能含有_____或其他杂质的制冷剂进行处理,使其_____,以便再次使用。

(3)制冷剂净化:清除制冷剂中的污染物,如水分、酸性物质和油污等,以保持系统的高效运行。

(4)制冷剂存储:将回收或新购买的制冷剂储存在专用的压力容器(冷媒罐)内,方便后续的加注操作。

(5)制冷剂加注:向汽车空调系统中精确地加注所需的制冷剂剂量,确保系统性能符合要求。加注过程可以采用_____计量充注,保证精度。

(6)安全保护:设备通常具有防液击功能,并有超压及_____自动保护设计,确保操作人员的安全。

(7)节能环保:高回收率(95%以上)有助于减少资源浪费和环境影响。再生和再利用制冷剂降低了维修成本,同时提高了客户满意度和忠诚度。

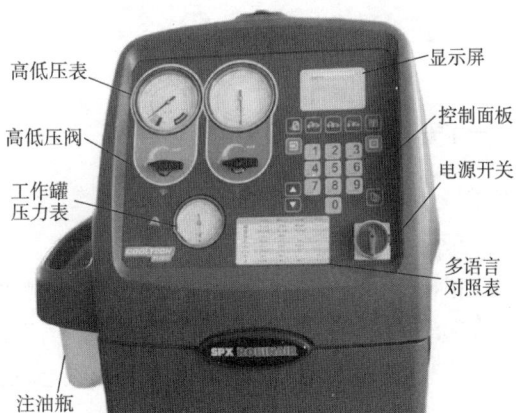

图 1-17 制冷剂回收加注机

(二)制订工作方案

1.任务分工

学生任务分配见表1-8。

学生任务分配表

表 1-8

班级		组号		指导老师	
组长		任务分工			
组员 1		任务分工			
组员 2		任务分工			
组员 3		任务分工			
组员 4		任务分工			
组员 5		任务分工			
组员 6		任务分工			

2. 工量具、仪器设备与耗材准备

(1) 使用的工量具有：_____。

(2) 使用的仪器设备有：_____。

(3) 使用的耗材有：_____。

3. 具体方案描述

_____

_____

_____

_____

_____。

⚙ 三、计划实施

(一)安全注意事项及技能要点

1. 安全注意事项

(1) 维修前，确认汽车停放安全。

(2) 正确穿戴安全鞋、工作服、护目镜、防护手套等。

(3) 起动车辆时，严禁工作人员检查操作汽车空调系统。

(4) 严禁违规操作汽车空调制冷剂回收与加注。

(5) 严禁将制冷剂排放到大气中。

2. 技能要点

(1) 正确开启汽车空调制冷模式。

(2) 规范操作制冷剂分析仪进行检测。

(3) 规范操作电子式卤素检漏测试仪进行检测。

(4) 正确使用制冷剂回收加注机。

（5）规范操作制冷剂回收、抽真空、保压、加注冷冻机油、加注制冷剂等。

（6）按照"8S"要求整理。

（二）汽车空调制冷剂的回收与加注任务实施

汽车空调制冷剂的回收与加注操作方法及说明见表1-9。

汽车空调制冷剂的回收与加注操作方法及说明 表1-9

步骤	操作方法及说明	质量标准及记录
1.制冷剂回收作业前的准备	（1）确认挡位置于P挡或者空挡位置,驻车制动器处于制动状态,踩下制动踏板或者离合器踏板,起动车辆; （2）打开鼓风机开关调至最高挡位,打开A/C开关,温度调节至最低,调至外循环,运行空调系统; （3）踩下加速踏板,发动机转速保持在1500～2000r/min,持续运转5min,使汽车空调系统中的制冷剂充分循环	□正确起动车辆 □正确操控A/C开关 □正确运行空调
2.制冷剂纯度检查	（1）连接电源插座,预热分析仪,同时按住A和B键直到屏幕显示"USEAGE ELEVATION,400Feet"（海拔400ft,约等于120m）; （2）根据实际海拔,按A键或B键调整,每按一次升高或下降100ft,设定完成后,静置20s,自动切换到预热步骤; （3）预热完成后,系统标定自动进行,时间为1min; 	□正确预热制冷剂纯度分析仪

步骤	操作方法及说明	质量标准及记录
2.制冷剂纯度检查	(4)佩戴手套和护目镜,连接采样管路,将接头的一端连接到汽车空调系统的低压阀加注口(连接前确认接头处于关闭状态,连接后,旋转至开启状态),确认系统压力在 0.0345 ~ 0.172MPa 之间; (5)确认管路连接完成后,按下 A 键进行纯度分析; (6)制冷剂纯度分析仪完成分析后,屏幕显示如下:(R134a:100,AIR:0,R12:0,R22:0,HC:0) 	□正确穿戴劳保用品 □正确连分析仪接采样管路接头 □正确判断分析结果 □按照"8S"要求整理 □安全环保

步骤	操作方法及说明	质量标准及记录
3.制冷剂泄漏检查	(1)检查并确保电子式卤素检漏测试仪的检测探头和过滤器干净； (2)打开电子式卤素检漏测试仪开关,调整和校准,按箭头键调整至合适的灵敏度； (3)按照连续路径,将探针置于被检测部位(管路各接头、高低压加注口、软管、压缩机、冷凝器等),在检查特殊部位时探针静止停留5s以上,直至汽车空调系统全部检查一遍,如有泄漏进行记录和维修 	□正确使用电子式卤素检漏测试仪 □正确检测制冷剂泄漏 □正确记录泄漏部位 泄漏部位1 _____ 泄漏部位2 _____ 泄漏部位3 _____ 泄漏部位4 _____ 泄漏部位5 _____ □按照"8S"要求整理 □安全环保
4.制冷剂回收与加注	(1)打开制冷剂回收加注机电源开关； 	□正确使用制冷剂回收加注机

步骤	操作方法及说明	质量标准及记录
4.制冷剂回收与加注	（2）记录工作罐制冷剂回收前的质量数值，启动制冷装置，运行 3～5min； （3）按下操作面板回收键 ，进入回收程序，选择回收重量； （4）连接高、低压快速接头，红色管路连接高压，蓝色管路连接低压； 	回收前罐质量＿＿＿＿＿ 启动时间＿＿＿＿＿＿ □正确输入回收质量 回收质量＿＿＿＿＿＿ □规范操作连接快速接头

步骤	操作方法及说明	质量标准及记录
4.制冷剂回收与加注	（5）打开操作面板上的高、低压阀； （6）按确认件 ，设备自动启动自我清理管理功能； （7）管路清理结束后，自动进入制冷剂回收，不断观察压力表指针，当压力达到负压时再抽真空； （8）制冷剂回收结束，屏幕显示制冷剂回收量，设备准备排放废油； 	□正确操作打开高低压阀 清理管路时间_____ 制冷剂回收质量_____

步骤	操作方法及说明	质量标准及记录
4.制冷剂 回收与加注	（9）排油前先记录排油瓶原有刻度，按确认键 进行排油，查看排油后排油瓶刻度，计算出排油量； （10）查看制冷剂回收后工作罐的质量（制冷剂应在2kg以上，低于该重量不能加注）； （11）按抽真空键 ，进入到抽真空界面，持续时间应不小于15min； （12）打开高低压阀，抽真空至系统真空度低于-90kPa，抽真空时，设备同时进行工作罐中制冷剂的净化； 	□规范操作排油 □正确记录排油量 排油前排油瓶刻度_____ 排油后排油瓶刻度_____ 排油量_____ □工作罐制冷剂重量符合要求 制冷剂回收量＝回收后的罐质量_____－回收前的罐质量＝_____ □规范操作抽真空 抽真空时间_____ □真空度符合标准要求 系统真空度_____

步骤	操作方法及说明	质量标准及记录
4.制冷剂回收与加注	（13）抽真空结束后，按确认键 ☑ 进入到保压泄漏检测，观察高低压表是否变化； （14）保压泄漏检测结束后，准备加注冷冻机油，加注量为：排出量＋20mL； （15）采用单管加注，关闭低压阀，打开高压阀； （16）按确认键 ☑ ，加注冷冻机油，确认加注量达到标准时，按取消键 ☒ 结束加注冷冻机油； 	□规范操作保压泄漏检测 □正确计算冷冻机油加注量 　冷冻机油加注量_____ □加注冷冻机油前，正确操作高低压阀 □按照标准加注冷冻机油

续上表

步骤	操作方法及说明	质量标准及记录
4. 制冷剂回收与加注	(17)查阅维修手册或者车辆使用手册,确认制冷剂类型和加注量; (18)按确认键 进入加注操作界面,输入制冷剂加注质量; (19)制冷剂加注结束后,根据操作界面提示,逆时针旋转高、低压快速接头,分离加注管; (20)按确认键 进行管路清理,清理完成后按确认键 回到主界面	□正确查阅维修资料 制冷剂类型_____ 制冷剂加注量_____ □加注制冷剂质量符合标准要求 □规范操作快速接头分离 □规范操作管路清理 □按照"8S"要求整理 □安全环保

四、评价反馈

评价内容见表1-10。

评价表　　　　　　　　　　　　　　　　表1-10

评分项目	评分标准	分值	得分
学习目标	能明确本任务的知识、技能、素养目标,理解任务在工作中的重要程度	5	
工作任务分析	能清晰描述完成本次工作任务内容	2	
	能清晰描述完成本次工作任务需必备的技能与知识点	2	
有效信息获取	能查阅资料获取制冷剂纯度分析相关知识	5	
	能查阅资料获取制冷剂泄漏检测方法和设备相关知识	5	
	能查阅资料获取制冷剂回收加注机的功能	5	
实施方案制订	能清晰地制订并填写本次汽车空调制冷剂的回收与加注作业计划	5	
	能组织或协同工作小组成员,明确本次任务所需仪器设备、工具、材料的准备与清点,并准备记录	5	
	能组织或协同工作小组成员交流,优化检查方案并记录	5	
任务实施	能按规范流程,完成汽车空调制冷剂纯度的分析	10	
	能按规范流程,完成汽车空调制冷剂泄漏的检测	10	
	能按规范流程,完成汽车空调制冷剂的回收	10	
	能按规范流程,完成汽车空调制冷剂的抽真空	5	
	能按规范流程,完成汽车空调制冷剂的加注	10	
任务评价	通过本次任务实施,结合自己在实训过程中的表现,进行自我评价及自我反思并记录	3	
职业素养	按规定时间完成项目作业	2	
	遵守实训室管理规定、劳动纪律	2	
	积极参与课堂活动、回答问题	2	
	能够按时出勤	2	
思政要求	养成做事细心、严谨的作风	2	
	提高合作意识和创新精神	2	
	养成良好的安全意识、"8S"管理意识,注重节约、节能和环保	1	
总计		100	

改进建议:

教师签字:

日期:

学习活动 3　汽车空调压缩机检修

一、明确任务

根据任务描述,需要对汽车空调压缩机进行检查与更换,使其恢复正常使用性能。

二、工作准备与计划制订

(一)知识准备

1. 汽车空调压缩机的安装位置

如图 1-18 所示,汽车空调压缩机一般位于发动机舱内,在发动机传动带端的发电机下方,安装在发动机上,并通过传动带驱动系统与发动机相连。

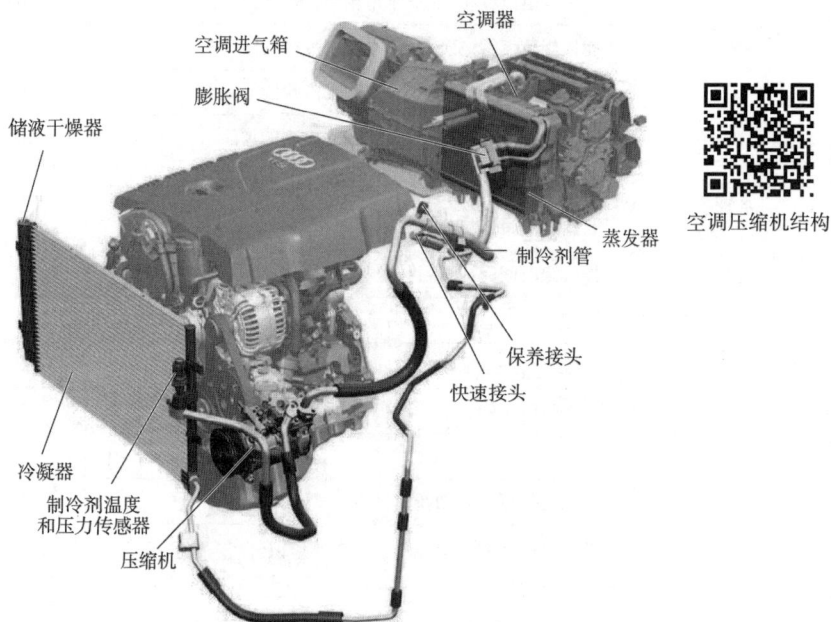

图 1-18　汽车空调压缩机的安装位置

2. 汽车空调压缩机的作用

汽车空调压缩机是汽车空调制冷系统的心脏,起着＿＿＿＿和输送制冷剂气体的作用。其主要是将从制冷系统低压侧吸入的低温低压气态制冷剂压缩成＿＿＿＿气态制冷剂,并维持制冷剂连续不断地循环,完成吸热、放热过程。

3.汽车空调压缩机的类型

(1)按工作容积分类。

汽车空调压缩机按照工作容积不同可分为定排量压缩机和变排量压缩机。

定排量压缩机的排量随着发动机转速的提高而成比例_____,不能根据制冷需求自动改变_____输出,对发动机油耗影响较大。一般通过采集_____出口的温度信号来控制,当温度达到设定温度时,压缩机的_____松开,压缩机停止工作。

变排量压缩机可以根据设定的_____自动调节功率输出,其结构如图1-19所示。空调控制系统不采集蒸发器出口的温度信号,而是根据空调管路中的_____信号控制压缩机的压缩比,自动调节出口温度。在整个制冷过程中,压缩机始终工作,制冷强度的调节完全依靠安装在压缩机中的_____。

图1-19 变排量压缩机结构

(2)按工作方式分类。

汽车空调压缩机按照工作方式不同可分为往复式压缩机和旋转式压缩机。往复式压缩机类型有_____和_____,如图1-20所示。旋转式压缩机类型有_____和_____,如图1-21所示。目前,在轿车上广泛采用的是_____压缩机,尤其是_____斜盘式压缩机在汽车使用逐渐增多。

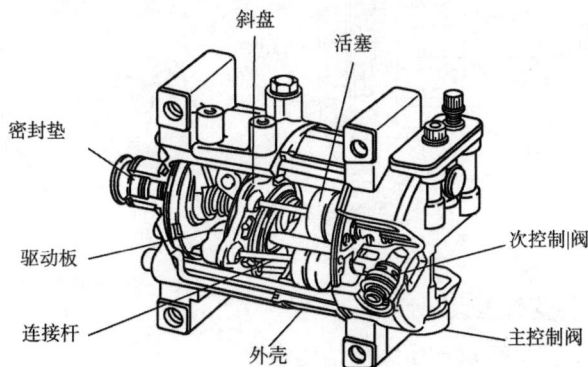

a)摆盘式压缩机结构

图 1-20

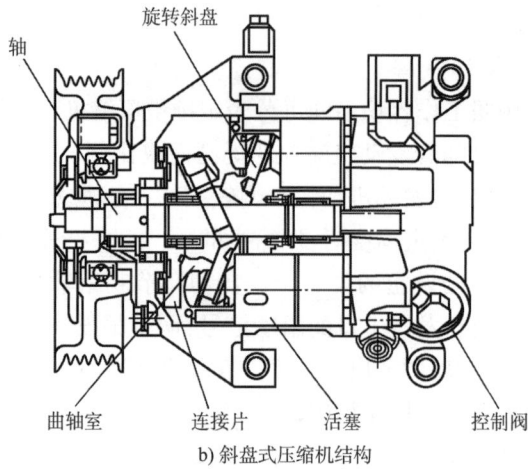

b) 斜盘式压缩机结构

图 1-20　往复式压缩机结构

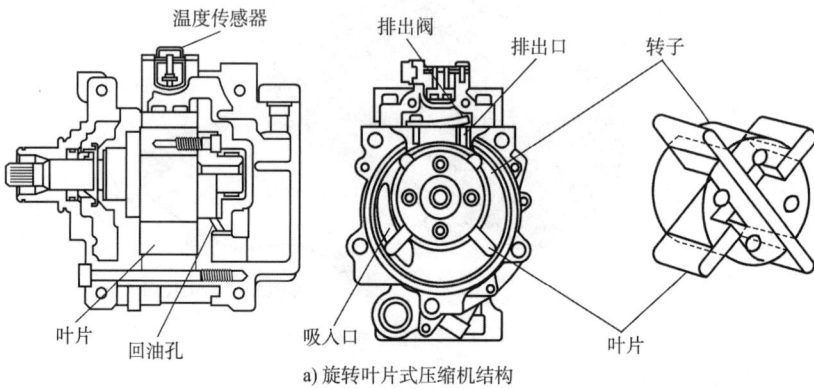

a) 旋转叶片式压缩机结构

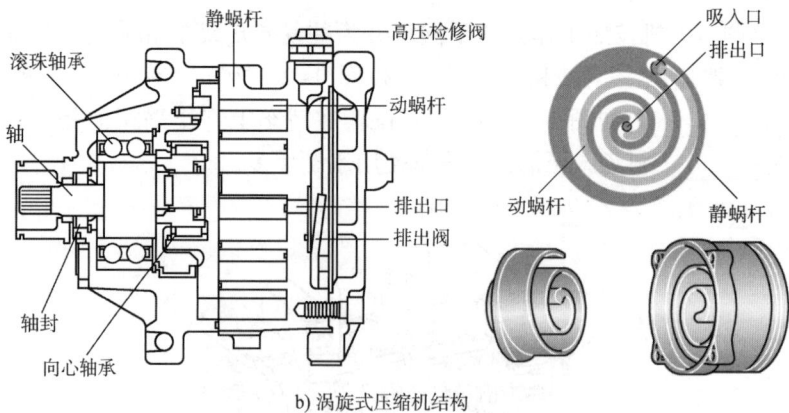

b) 涡旋式压缩机结构

图 1-21　旋转式压缩机结构

4. 电磁阀式变排量斜盘式压缩机

（1）电磁阀式变排量斜盘式压缩机结构组成。

电磁阀式变排量斜盘式压缩机主要由_____、_____、_____、压缩室、从动轴、_____、_____和_____组成，如图 1-22 所示。

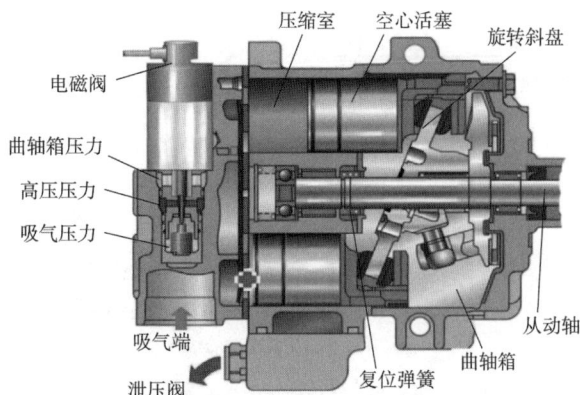

图 1-22 电磁阀式变排量斜盘式压缩机结构

（2）电磁阀式变排量斜盘式压缩机工作原理。

电磁阀式变排量斜盘式压缩机由空调控制单元根据各种传感器的信号，调节电磁阀_____，使压缩机更有效率，制冷效果更好。

如图 1-23a）所示，当车内热负荷达到最大值或驾乘人员要求快速制冷时，空调控制单元调节电磁控制阀的供电占空比为_____，此时压缩机的_____与吸气腔相通，与排气腔隔绝，曲轴箱压力降到_____，作用在活塞右侧的压力远高于作用于活塞左侧的压力（等于曲轴箱压力与弹簧力之和），从而压缩弹簧使斜盘倾斜角度最大，活塞行程最大，空调压缩机排量最大，以快速制冷。

当车速升高，车内热负荷减小，排量调节阀的供电占空比将_____，曲轴箱压力升高，作用在活塞左侧的压力升高，从而弹簧压缩量减小，斜盘倾斜角变小，活塞行程变小，空调压缩机排量降低，以节约燃油。

如图 1-23b）所示，当车内热负荷降到最小值时，电磁控制阀_____，此时占空比为 0，曲轴箱与排气腔相通，压力升到最大值，作用在活塞左侧和右侧的压力_____，从而弹簧自动伸长消除了斜盘倾斜角度，活塞行程_____，空调压缩机排量_____（接近 0）。

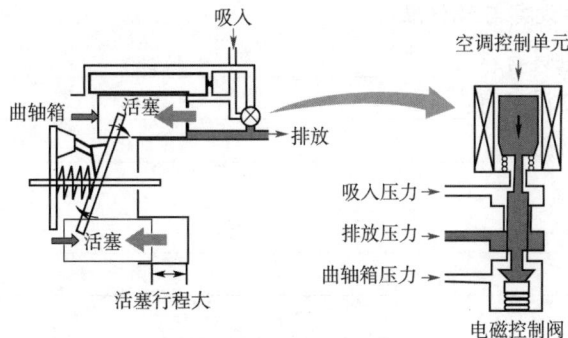

a) 空调压缩机排量最大时的状态

图 1-23

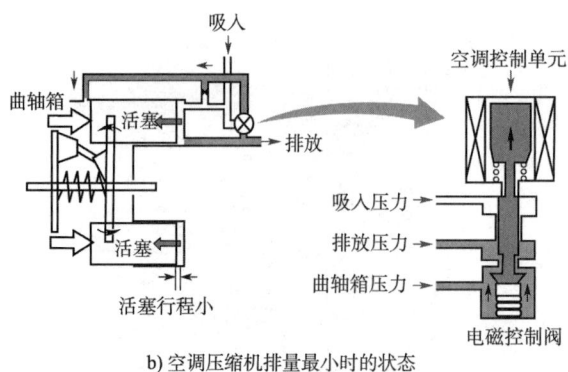

吸入

空调控制单元

曲轴箱

活塞

排放

活塞

吸入压力

排放压力

曲轴箱压力

活塞行程小

电磁控制阀

b) 空调压缩机排量最小时的状态

图 1-23 电磁阀式变排量斜盘式压缩机工作原理

(二)制订工作方案

1. 任务分工

学生任务分配见表 1-11。

学生任务分配表 表 1-11

班级		组号		指导老师	
组长		任务分工			
组员 1		任务分工			
组员 2		任务分工			
组员 3		任务分工			
组员 4		任务分工			
组员 5		任务分工			
组员 6		任务分工			

2. 工量具、仪器设备与耗材准备

(1)使用的工量具有：_____。

(2)使用的仪器设备有：_____。

(3)使用的耗材有：_____。

3. 具体方案描述

_____

_____

_____

_____

_____。

⚙ 三、计划实施

(一)安全注意事项及技能要点

1. 安全注意事项

(1)拆卸前,关闭车辆电源,松开蓄电池负极。

(2)拆卸前,做好防护准备,戴防护手套、护目镜等。

(3)规范使用举升机。

(4)在处理制冷剂时,要避免制冷剂泄漏。

(5)制冷剂回收和加注时,避开火源。

(6)在操作过程中,要保持通风良好,以避免因缺氧而发生意外。

2. 技能要点

(1)正确使用拆装工具。

(2)正确连接压缩机歧管压力表。

(3)规范使用制冷剂回收加注设备。

(4)正确封闭高低压管路接口。

(5)正确更换管路接口的〇形圈。

(6)装配螺栓达到规定力矩。

(7)按照"8S"要求整理。

(二)汽车空调压缩机检修任务实施

汽车空调压缩机检修操作方法及说明见表1-12。

汽车空调压缩机检修操作方法及说明 表1-12

步骤	操作方法及说明	质量标准及记录
1.汽车空调 压缩机的检查	(1)检查压缩机的传动带张紧度或磨损度,如果张紧度异常,需要重新调整;如果出现磨损,应进行更换; 	□正确判断压缩机传动带张紧度 □正确判断压缩机传动带磨损度

步骤	操作方法及说明	质量标准及记录
1. 汽车空调压缩机的检查	(2) 检查压缩机正常运转时, 是否有异响; (3) 压缩机密封性检查:将空调歧管压力表的高、低压软管分别接至压缩机的高、低压维修阀上, 起动发动机使其在急速工况上运行; (4) 根据厂家维修手册标准数据(一般低压为 0.15 ~ 0.20MPa, 高压为 1.42 ~ 1.47MPa), 判断连接压缩机的高低压管路压力是否正常, 进而判断压缩机密封性是否良好 	□ 压缩机密封性的检查符合条件要求 □ 正确连接歧管压力表 □ 正确判断压缩机密封性是否良好 低压＿＿＿＿＿＿＿＿ 高压＿＿＿＿＿＿＿＿
2. 汽车空调压缩机的拆卸	(1) 使用制冷剂回收加注设备回收冷剂(详见学习任务一的学习活动 2); (2) 断开蓄电池负极; (3) 举升车辆, 释放传动带张紧力, 拆下压缩机传动带; (4) 断开压缩机电磁离合器的接头; 	□ 正确回收空调制冷剂 □ 规范举升车辆 □ 规范使用拆卸工具 □ 正确封闭管路接口

续上表

步骤	操作方法及说明	质量标准及记录
2. 汽车空调压缩机的拆卸	（5）拧出高、低压管路固定螺栓，拆卸高低压管路接头，用乙烯基胶带等合适的材料盖住或缠住管路插头； （6）拧下压缩机的固定螺栓，向下将压缩机从车辆上取下 	
3. 汽车空调压缩机的安装	压缩机安装顺序与拆卸相反，注意事项如下： （1）未安装管接头时，不要长时间打开管口保护盖，以免潮气进入； （2）高低压管路接口更换新的〇形圈，并在〇形圈上涂抹冷冻机油； （3）管路接口拧紧到规定力矩； （4）按照传动带的标记方向安装； （5）维修完成后，将压缩机轴在两个方向上转动 5 圈以上，使其内部的润滑剂均匀分布； （6）安装完毕后，发动机怠速运行，使压缩机工作 1h； （7）更换了任何部件或制冷剂大量泄漏后，都应向压缩机添加冷冻机油	□正确安装压缩机高低压管路 □正确更换管路接口的〇形圈 □管路接口拧紧达到力矩要求 □正确安装压缩机传动带 □按照"8S"要求整理

四、评价反馈

评价内容见表1-13。

评价表　　　　　　　　　　　　　　　　表 1-13

评分项目	评分标准	分值	得分
学习目标	能明确本任务的知识、技能、素养目标,理解任务在工作中的重要程度	5	
工作任务分析	能清晰描述完成本次工作任务内容	2	
	能清晰描述完成本次工作任务需必备的技能与知识点	2	
有效信息获取	能查阅资料获取汽车空调压缩机类型	10	
	能查阅资料获取汽车空调斜盘式压缩机结构组成	5	
	能查阅资料获取汽车空调斜盘式压缩机工作原理	10	
实施方案制订	能清晰地制订并填写本次汽车空调制冷系统元件检修的准备作业计划	5	
	能组织或协同工作小组成员,明确本次任务所需仪器设备、工具、材料的准备与清点,并准备记录	5	
	能组织或协同工作小组成员交流,优化检查方案并记录	5	
任务实施	能按规范流程,完成压缩机的检查	15	
	能按照规范流程,完成压缩机的拆装	20	
任务评价	通过本次任务实施,结合自己在实训过程中的表现,进行自我评价及自我反思并记录	3	
职业素养	按规定时间完成项目作业	2	
	遵守实训室管理规定、劳动纪律	2	
	积极参与课堂活动、回答问题	2	
	能够按时出勤	2	

续上表

评分项目	评分标准	分值	得分
思政要求	养成做事细心、严谨的作风	2	
	提高合作意识和创新精神	2	
	养成良好的安全意识、"8S"管理意识,注重节约、节能和环保	1	
总计		100	
改进建议:			

教师签字:

日期:

学习活动 4 汽车空调风扇控制电路简单故障

⚙ 一、明确任务

根据任务描述,需要对汽车空调风扇及控制电路中的元器件、线束进行检查与更换,使其恢复正常使用性能。

⚙ 二、工作准备与计划制订

(一)知识准备

1.汽车空调风扇的安装位置及作用

如图 1-24 所示,汽车空调风扇一般安装在_____的前面或者_____后面。汽车空调的冷凝器一般都安装在散热器前,散热器和冷凝器共用_____,一般根据_____信号和_____信号共同控制,同时满足散热器散热和冷凝器散热需要。

2.汽车空调风扇的控制电路类型

空调风扇控制电路主要有空调开关直接控制型、空调开关和_____联合控制型、空调_____和冷却液温度开关联合控制型、空调制冷剂压力开关、冷却液温度开关与_____联合控制型四种。为改善散热能力、提高燃料经济性和减少噪声,大部分车辆的散热风扇根据系统的制冷剂压力采用_____、_____、_____三级控制。

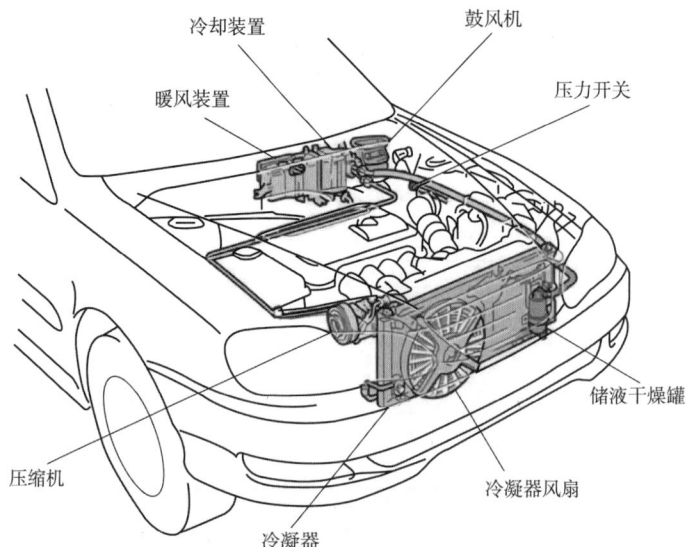

图 1-24　汽车空调风扇的安装位置

(1)空调开关直接控制型。

如图 1-25 所示,空调开关直接控制冷凝器风扇电路比较简单,空调开关置于接通位置时,冷凝器风扇继电器线圈_____,产生磁力吸合继电器触点,12V 直流电经过继电器触点流向_____,冷凝器风扇高速运转,同时压缩机_____通电工作。

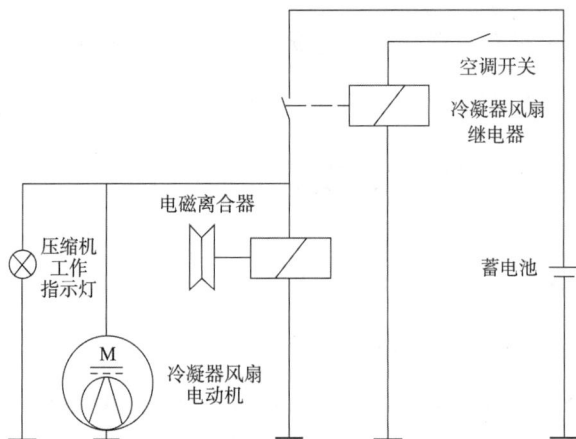

图 1-25　空调开关直接控制风扇电路

(2)空调开关和冷却液温度开关联合控制型。

如图 1-26 所示,当空调不工作时,发动机冷却液温度达到 96℃时,双温开关的低温触点_____,冷凝器风扇_____;当空调开关接通时,空调继电器_____,触点闭合,电流经串联的调速电阻进入冷凝器风扇电动机,风扇低速运转;当发动机冷却液温度升至_____时,双温开关的高温触点闭合,高速风扇继电器通电,风扇高速运转,以加强散热效果。

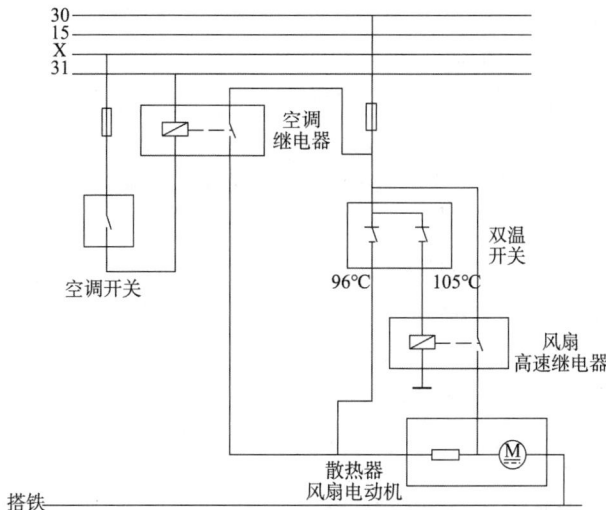

图 1-26　空调开关和冷却液温度开关联合控制型风扇电路

(3)空调制冷剂压力开关和冷却液温度开关联合控制型。

如图 1-27 所示,当空调系统运行时,根据_____和冷却液温度的情况,两台风扇可通过切换连接方式,实现高低转速控制。

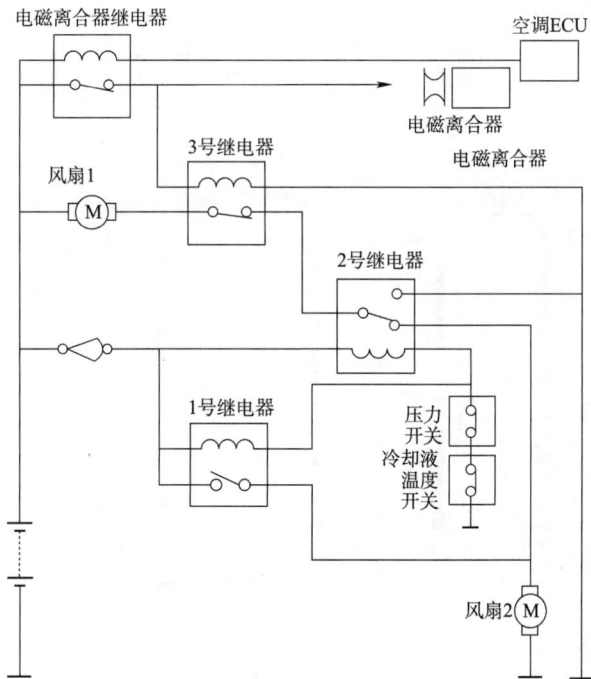

图 1-27　空调制冷剂压力开关和冷却液温度开关联合控制型风扇电路

当空调不工作时,发动机_____控制冷却风扇。当空调系统运行时,高压侧压力小于1.35kPa,且冷却液温度低于83℃,冷却液温度开关和压力开关都处于_____状态,2号继电器和3号继电器通电,1号继电器_____,两台风扇串联连接,风扇低速运转。当空调系统运行时,高压侧压力大于1.35kPa,且冷却液温度高于93℃,冷却液温度开关和压力开关都处于_____状态,_____继电器通电,_____和_____继电器断电,两台风扇_____连接,风扇_____。

(4)空调风扇控制器控制型。

除了采用继电器控制风扇的转速外,还可以采用风扇控制器对风扇进行控制。空调风扇系统由_____和_____组成。

以捷达汽车空调风扇控制电路为例分析,如图1-28所示,风扇控制器内部有两个继电器,一个用于控制低速,一个用于控制_____。

①散热器风扇低速运转。

当空调不工作时,发动机冷却液温度_____95℃时,双温开关(F18)端子1和端子2_____,散热风扇(V7)端子2得到供电,V7低速运转。

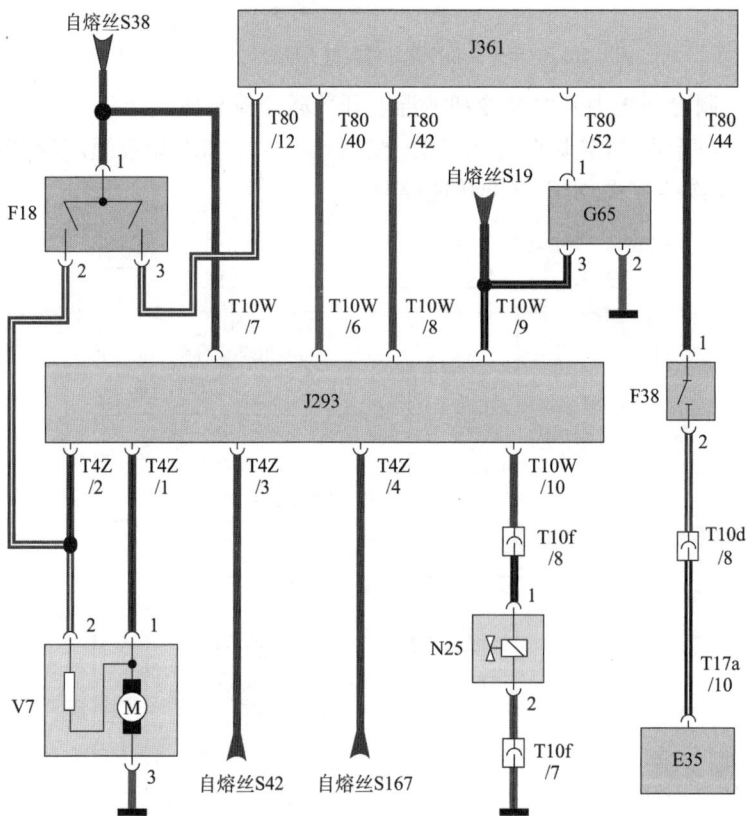

图 1-28

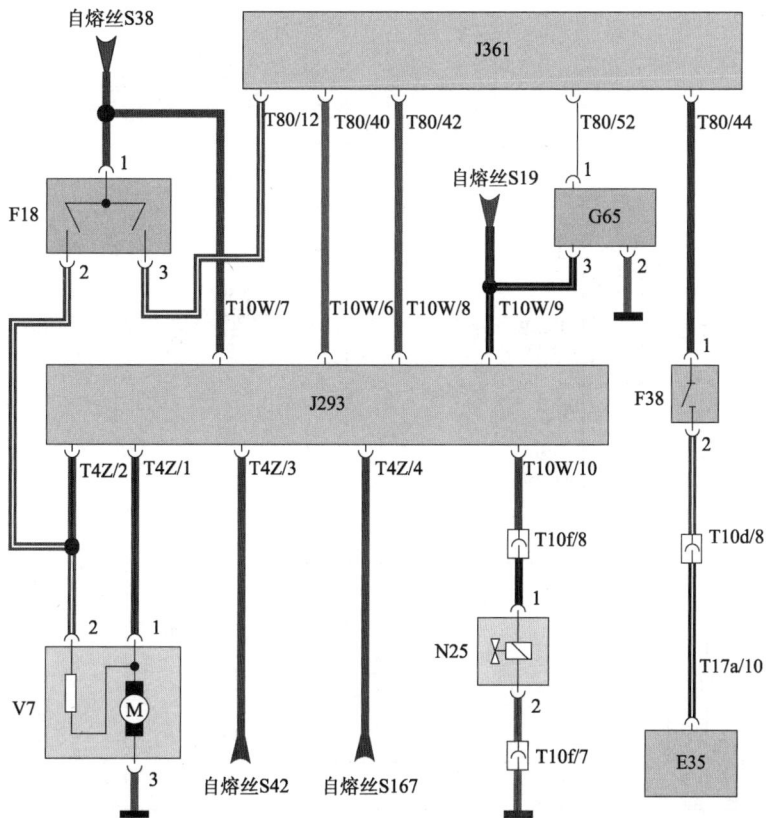

图 1-28　捷达车型空调风扇控制器控制型风扇电路

E35-A/C 开关；F18-双温开关；F38-环境温度开关；G65-空调压力传感器；J293-散热风扇控制器；J361-发动机控制单元；N25-空调压缩机电磁离合器；V7-散热风扇

当接通 A/C 开关(E35)时,发动机控制单元(J361)端子 T80/44 接收空调请求信号;J361 通过端子 T80/42 输出搭铁信号至散热风扇控制器(J293)端子_____;J293 通过端子_____输出供电,使空调压缩机电磁离合器(N25)吸合,同时 J293 通过端子_____输出供电,使 V7 低速运转。

②散热器风扇高速运转。

当发动机冷却液温度_____105℃时,F18 端子 1 和端子 3 接通,J361 通过端子 T80/12 接收_____信号,然后通过端子 T80/40 输出_____信号至 J293;J293 通过端子 T4Z/1 输出_____,使 V7 高速运转。

当接通 A/C 开关(E35)时,J361 通过空调压力传感器(G65)监测空调高压管路中的_____,当制冷剂压力高于 100kPa 时,J361 通过端子 T80/40 输出搭铁信号至 J293 端子_____;J293 通过端子_____输出供电,经过调速电阻使 V7 高速运转。

另外,以别克威朗汽车空调风扇控制电路为例分析,如图 1-29 所示,散热风扇控制器通过_____(PWM)控制风扇转速。

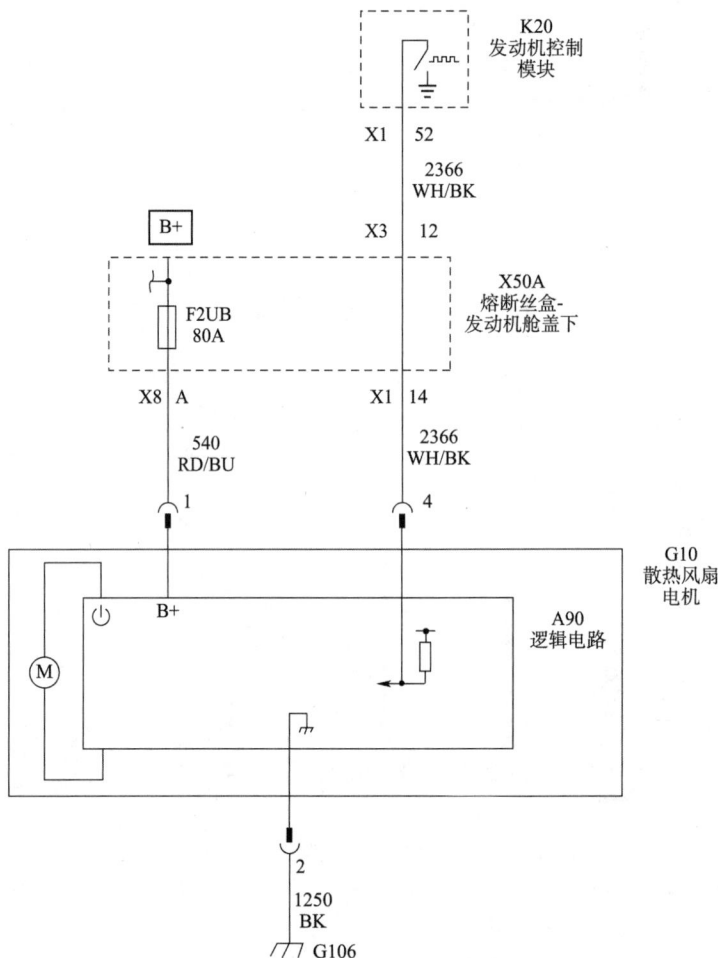

图1-29 别克威朗车型空调风扇控制器控制型风扇电路

发动机控制模块控制风扇在以下条件下开启:发动机_____高于预定的温度; 发动机_____高于预定的温度;_____达到预定的压力;钥匙关闭时,如果发动机 冷却液温度高于_____,或空调压力超过了预定值,则冷却风扇将在低速下运行。

当空调压力达到预定的压力时,发动机控制模块(ECM)通过向风扇控制器G10的 _____端子发送_____信号,风扇控制器通过脉宽调制信号来改变冷却风扇电机 的_____,使空调风扇能够在可变速度下运行。同时,空调风扇控制器具有过热保 护的作用,防止在风扇电机内出现电路短路时损坏风扇控制器。

3.汽车空调传感器

(1)冷却液温度传感器。

如图1-30所示,冷却液温度传感器一般安装在发动机_____的壳体处,如果发 动机有两个冷却液温度传感器,一个安装在节温器壳体附近,一个安装在_____的 出水口处。

图 1-30　冷却液温度传感器安装位置

冷却液温度传感器内部是一个_____热敏电阻,可以测量发动机或散热器冷却液的温度。该传感器的温度特性是温度越高,冷却液温度传感器的_____,输出_____,反之亦然,如图 1-31 所示。

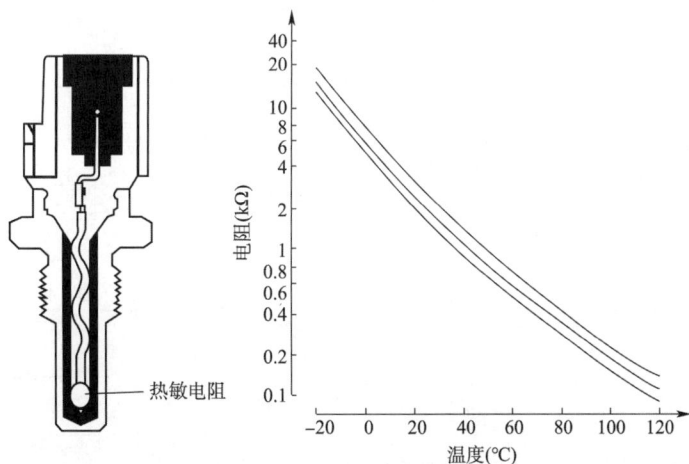

图 1-31　冷却液温度传感器结构和温度特性

发动机控制模块向传感器信号电路提供 5V 电压,向低电平参考电压电路提供搭铁。冷却液温度传感器控制电路如图 1-32 所示,B34 为_____传感器,_____端子为信号端子,_____端子为搭铁端子。

（2）空调压力传感器。

如图 1-33 所示,空调压力传感器一般安装于发动机舱内空调高压管路上,主要是用来监测空调管路内的_____,防止压力异常损坏_____,并配合其余功能部件控制_____和_____的开启与关闭。

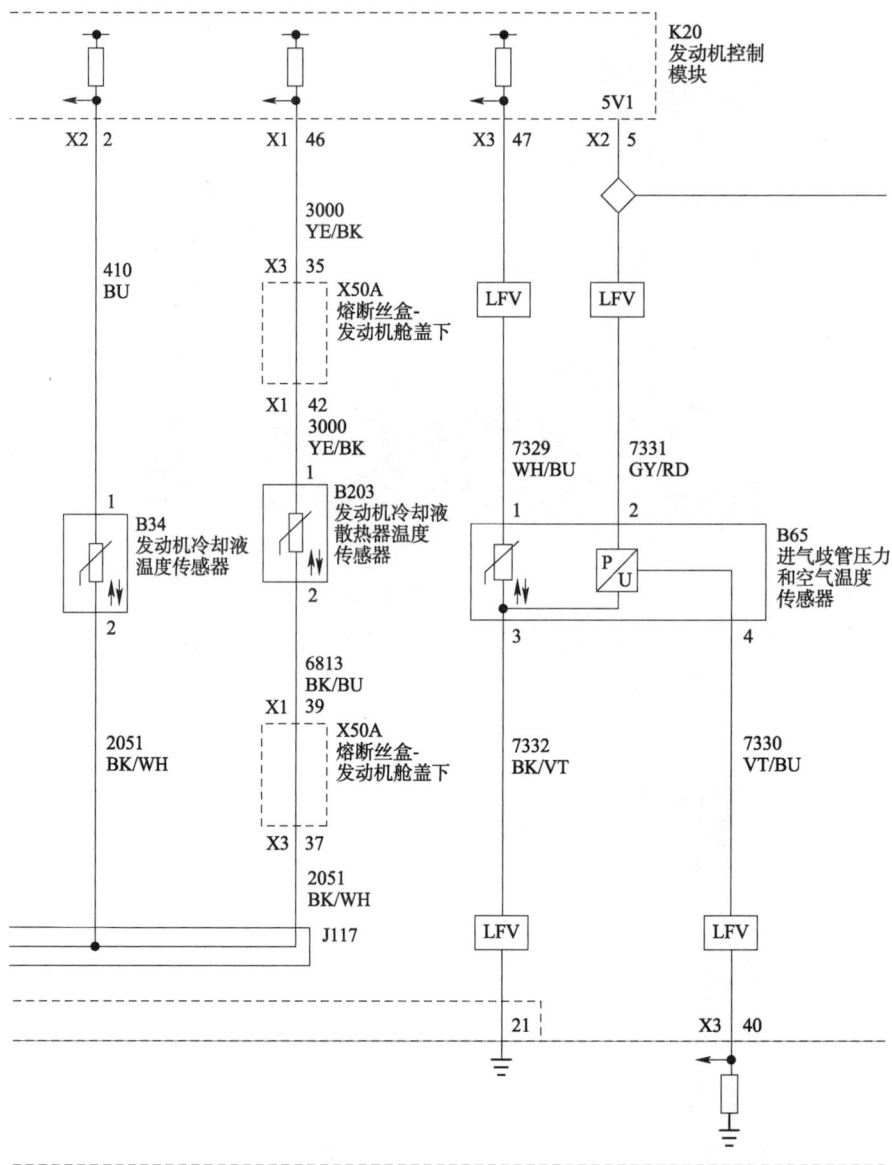

图 1-32　冷却液温度传感器控制电路

图 1-33　空调压力传感器安装位置

发动机控制模块通过空调制冷剂压力传感器来监测高压侧制冷剂压力。如图 1-34 所示，B1 为_____，是一个_____制压电式压力传感器，2 号端子为发动机控制模块 K20 向传感器提供的 5V _____端，1 号端子为_____端，3 号端子为信号端。空调压力信号可以在 0.2～4.8V 之间变化。空调制冷剂压力_____时，信号值接近 0V。空调制冷剂压力_____时，信号值接近 5V。当压力太高或太低时，发动机控制模块 K20 将不允许空调_____接合。空调系统控制模块_____将通过串行数据从发动机控制模块 K20 接收_____信息。

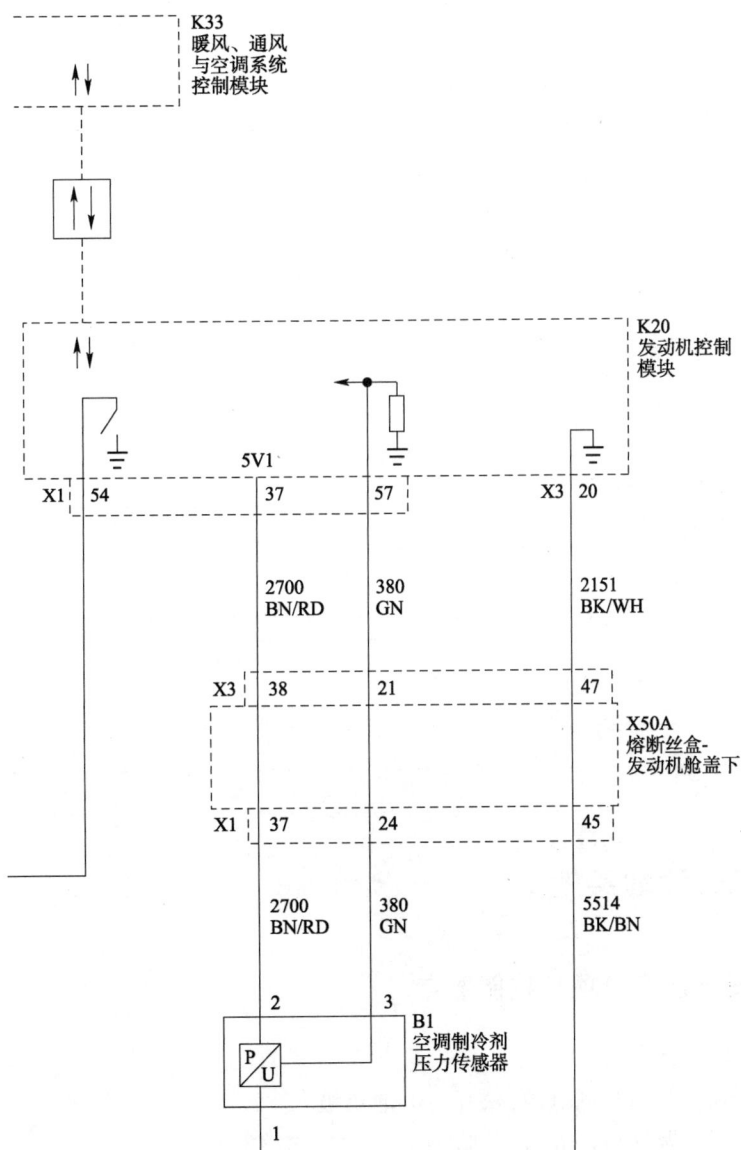

图 1-34　空调压力传感器控制电路

（二）制订工作方案

1. 任务分工

学生任务分配见表1-14。

学生任务分配表　　　　　　　　表1-14

班级		组号		指导老师	
组长		任务分工			
组员1		任务分工			
组员2		任务分工			
组员3		任务分工			
组员4		任务分工			
组员5		任务分工			
组员6		任务分工			

2. 工量具、仪器设备与耗材准备

（1）使用的工量具有：＿＿＿＿＿＿＿＿＿＿＿＿＿＿＿＿＿＿＿＿＿。

（2）使用的仪器设备有：＿＿＿＿＿＿＿＿＿＿＿＿＿＿＿＿＿＿＿。

（3）使用的耗材有：＿＿＿＿＿＿＿＿＿＿＿＿＿＿＿＿＿＿＿＿＿。

3. 具体方案描述

＿＿＿＿＿＿＿＿＿＿＿＿＿＿＿＿＿＿＿＿＿＿＿＿＿＿＿＿＿＿＿＿＿

＿＿＿＿＿＿＿＿＿＿＿＿＿＿＿＿＿＿＿＿＿＿＿＿＿＿＿＿＿＿＿＿＿

＿＿＿＿＿＿＿＿＿＿＿＿＿＿＿＿＿＿＿＿＿＿＿＿＿＿＿＿＿＿＿＿＿

＿＿＿＿＿＿＿＿＿＿＿＿＿＿＿＿＿＿＿＿＿＿＿＿＿＿＿＿＿＿＿＿＿。

⚙ 三、计划实施

（一）安全注意事项及技能要点

1. 安全注意事项

（1）拆卸前，关闭车辆电源，松开蓄电池负极。

（2）拆卸前，做好防护准备，戴防护手套、护目镜等。

（3）不允许带电拔插电气元件。

（4）使用跨接线时，确认连接正确后再通电检修。

（5）万用表测量时,表笔与被测电器紧密接触,防止虚接,造成数据不准。

2. 技能要点

（1）正确使用拆装工具。

（2）正确使用万用表。

（3）正确拆装空调风扇。

（4）正确检测水温传感器。

（5）正确检测空调压力传感器。

（6）正确检测空调控制模块。

（7）正确检测风扇控制线路。

（8）装配螺栓达到规定力矩。

（9）按照"8S"要求整理。

（二）汽车空调风扇不工作故障检修任务实施

1. 空调风扇拆装

空调风扇拆装操作方法及说明见表1-15。

空调风扇拆装操作方法及说明　　　　　　　　　　表1-15

步骤	操作方法及说明	质量标准及记录
1. 汽车空调风扇的拆卸	（1）断开蓄电池负极; （2）拆卸散热器进出口软管; （3）拆卸2个空调风扇护罩螺栓1、3; （4）断开空调风扇线束连接器2; （5）拆下空调风扇护罩1;	□规范使用拆卸工具

步骤	操作方法及说明	质量标准及记录
1. 汽车空调风扇的拆卸	 (6)拆卸 3 个空调风扇螺栓 2； (7)拔出空调风扇线束 1； (8)将发动机冷却风扇 2 从发动机冷却风扇护罩 1 上拆下 	
2. 汽车空调风扇的安装	风扇的安装顺序与拆卸相反，注意事项如下： 风扇和风扇护罩螺栓拧紧到规定力矩	□正确安装风扇 □正确连接风扇线束 □装配螺栓达到力矩要求 □按照"8S"要求整理

2.汽车空调风扇不工作故障控制电路检修

汽车空调风扇不工作故障控制电路检修见表1-16。

汽车空调风扇不工作故障控制电路检修操作方法及说明　　　　表 1-16

步骤	操作方法及说明	质量标准及记录
1.水温传感器及线路检测	(1)关闭点火开关,拔下冷却液温度传感器插头,用万用表电阻挡检测冷却液温度传感器 B34 的 2 号端子与搭铁点的电阻值,应小于1Ω,否则更换导线; (2)再将点火开关置于 ON 挡,用万用表电压挡检测冷却液温度传感器 B34 的 1 号端子的供电电压,应为 5V; (3)如果电压不符合要求,断开发动机控制单元 K20 插头,用万用表电阻挡测量导线电阻是否正常,应小于1Ω,否则为发动机控制单元 K20 故障;	□正确使用万用表 □正确分离线束插头 □正确判断导线是否损坏 电阻值_____ □正确判断检测值是否符合规定值 电压值_____ □正确判断导线是否损坏 电阻值_____

步骤	操作方法及说明	质量标准及记录
1. 水温传感器及线路检测	 (4)关闭点火开关,拆下冷却液温度传感器,将其置于烧杯的水中加热,在接线端用万用表的电阻挡检测不同温度的电阻值,是否符合维修手册上的温度与阻值对比表,否则更换冷却液温度传感器 	□正确检测不同温度下的电阻值,并记录
2. 空调压力传感器及线路检测	(1)关闭点火开关,拔下空调压力传感器插头,再将点火开关置于 ON 挡,用万用表电压挡检测空调压力传感器 B1 的 2 号端子的供电电压,应为 5V;	□正确使用万用表 □正确分离线束插头 □正确判断检测值是否符合规定值 电压值＿＿＿＿＿＿＿＿＿＿

步骤	操作方法及说明	质量标准及记录
2.空调压力 传感器 及线路检测	 （2）如果电压不符合要求,断开发动机控制单元 K20 插头,用万用表电阻挡测量导线电阻是否正常,应小于1Ω,否则为发动机控制单元 K20 故障; （3）点火开关置于 ON 挡,打开空调开关后,空调压力传感器 B1 的 3 号端子电压会随空调压力的增加而逐渐上升,电压范围在 0.5～4.5V 之间,否则更换空调压力传感器 	□正确判断导线是否损坏 电阻值 _____ □正确判断检测值是否符合规定值 电压值 _____

续上表

步骤	操作方法及说明	质量标准及记录
3.空调风扇控制模块及线路检测	（1）关闭点火开关,用万用表电阻挡检测风扇控制器G10的2号端子与搭铁点G106间的电阻值,应小于1Ω,否则更换导线,或检查搭铁点是否虚接; （2）将点火开关置于ON挡位置,空调开关关闭时,用万用表电压挡检测风扇控制器G10的1号端子电压为12V以上,4号端子间电压为0V; （3）空调开关打开时,用万用表电压挡检测风扇控制器G10的2号端子电压,在风扇低速运转和高速运转时符合规定值; （4）若检测值与规定值不相符,用万用表检查各接头的绝缘性是否良好,否则更换风扇控制器	□正确使用万用表 □正确分离线束插头 □正确判断导线是否损坏 电阻值＿＿＿＿＿＿ □正确判断检测值是否符合规定值 电压值＿＿＿＿＿＿ □正确判断检测值是否符合规定值 低速电压值＿＿＿＿＿ 高速电压值＿＿＿＿＿ □正确判断各接头绝缘性 □按照"8S"要求整理 □安全环保

四、评价反馈

评价内容见表1-17。

评价表   表1-17

评分项目	评分标准	分值	得分
学习目标	能明确本任务的知识、技能、素养目标,理解任务在工作中的重要程度	5	
工作任务分析	能清晰描述完成本次工作任务内容	2	
	能清晰描述完成本次工作任务需必备的技能与知识点	2	

续上表

评分项目	评分标准	分值	得分
有效信息获取	能查阅资料获取汽车空调风扇的安装位置及作用	2	
	能查阅资料获取汽车空调风扇的控制电路类型	3	
	能识读汽车空调风扇的控制电路	5	
	能识读汽车空调传感器的控制电路	5	
实施方案制订	能清晰地制订并填写本次汽车空调风扇不工作故障检修的准备作业计划	5	
	能组织或协同工作小组成员,明确本次任务所需仪器设备、工具、材料的准备与清点,并准备记录	5	
	能组织或协同工作小组成员交流,优化检查方案并记录	5	
任务实施	能按规范流程,完成空调风扇的拆装	5	
	能按照规范流程,完成冷却液温度传感器及线路检测	10	
	能按照规范流程,完成汽车空调压力传感器及线路检测	15	
	能按照规范流程,完成空调风扇控制模块及线路检测	15	
任务评价	通过本次任务实施,结合自己在实训过程中的表现,进行自我评价及自我反思并记录	3	
职业素养	按规定时间完成项目作业	2	
	遵守实训室管理规定、劳动纪律	2	
	积极参与课堂活动、回答问题	2	
	能够按时出勤	2	
思政要求	养成做事细心、严谨的作风	2	
	提高合作意识和创新精神	2	
	养成良好的安全意识、"8S"管理意识,注重节约、节能和环保	1	
总计		100	

改进建议:

教师签字:

日期:

学习活动 5 压缩机电磁离合器控制电路简单故障

一、明确任务

根据任务描述,需要对汽车压缩机电磁离合器及控制电路中的元器件、线束进行检查与更换,使其恢复正常使用性能。

二、工作准备与计划制订

(一)知识准备

1. 压缩机电磁离合器的结构与工作原理

压缩机电磁离合器是将动力从_____传递到_____的动力连接装置,其作用是根据需要接通或_____发动机与空调压缩机之间的动力传递。另外,当压缩机过载时,它还能起到一定的_____。它一般安装在压缩机的前端。在一些高档汽车上,有些变排量空调压缩机不再配备电磁离合器,而是通过_____控制压缩机的排量从最小(接近于0)到最大变化。

(1)电磁离合器的结构。

电磁离合器一般由_____、_____和_____这三个部分组成,如图1-35所示。带轮总成主要包括_____和_____,其中压力板与压缩机轴相连,带轮则通过轴承安装在压缩机的壳体上。线圈总成即_____,其作用是通过电流产生_____。根据构造的不同,电磁线圈有两种形式:一种是_____,即电磁线圈固定在压缩机壳体上不转动;另一种是_____,电磁线圈与带轮连在一起转动。驱动盘总成也被称为_____或_____,是汽车空调压缩机运转的驱动部件。

(2)电磁离合器的工作原理。

当空调开关接通时,电流通过电磁离合器的_____,电磁线圈产生_____,使压缩机的驱动盘与带轮_____,将发动机的转矩传递给压缩机主轴,使压缩机主轴旋转。当断开空调开关时,电磁线圈的吸力消失,在弹簧片作用下驱动盘和带轮脱离,压缩机_____。

电磁离合器
工作原理

2. 压缩机电磁离合器的控制方式

根据控制元件的不同,压缩机的控制方式分为以下三种:开关控制、空调放大器控制和发动机 ECU 控制。

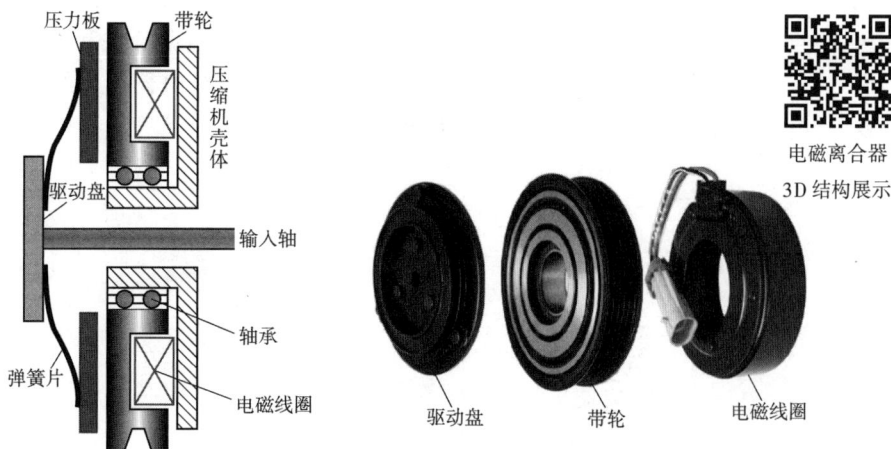

图 1-35　电磁离合器结构

（1）开关控制。

开关控制原理如图 1-36 所示，常见于手动空调控制系统。当_____、
_____、_____闭合时，压缩机电磁离合器继电器通电，压缩机电磁离合器通电，
压缩机运转。

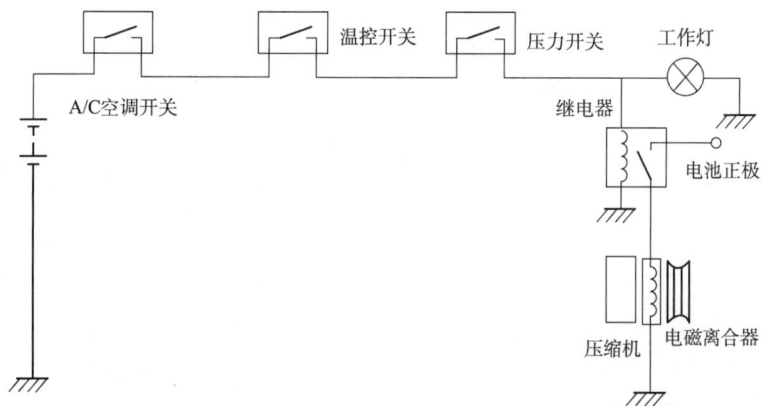

图 1-36　开关控制的控制原理

（2）空调放大器控制。

空调放大器控制原理如图 1-37 所示，常见于半自动空调控制系统，主要包含
_____、空调放大器和_____三部分。当空调开关接通时，空调放大器根据设定
的温度、_____、_____、_____等信号，控制压缩机电磁离合器继电器通电，空
调压缩机电磁离合器结合，压缩机运转。

（3）发动机 ECU 控制。

手动空调和自动空调都可以采用发动机 ECU 控制，如图 1-38 所示，该图为手动空
调压缩机的发动机 ECU 控制原理图。该控制系统的特点是，在打开空调开关之前，需

要先打开_____,使鼓风机运转。这样的好处是,蒸发器工作之前,鼓风机已经开始送风,防止蒸发器_____。鼓风机运行时,打开空调开关,空调开关和_____的信号进入_____,发动机 ECU 提高怠速运转,并控制压缩机继电器电磁线圈端的端子搭铁,继电器触点_____,空调压缩机电路接通。

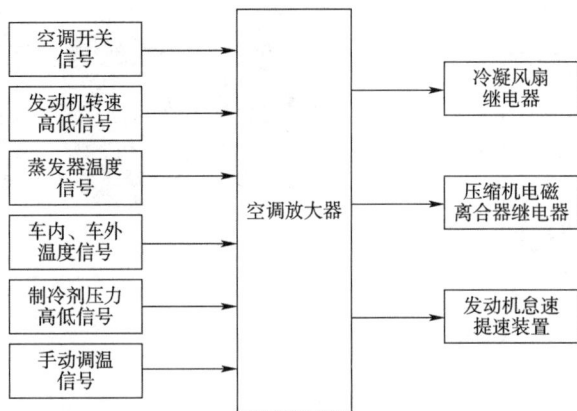

图 1-37 空调放大器控制的控制原理

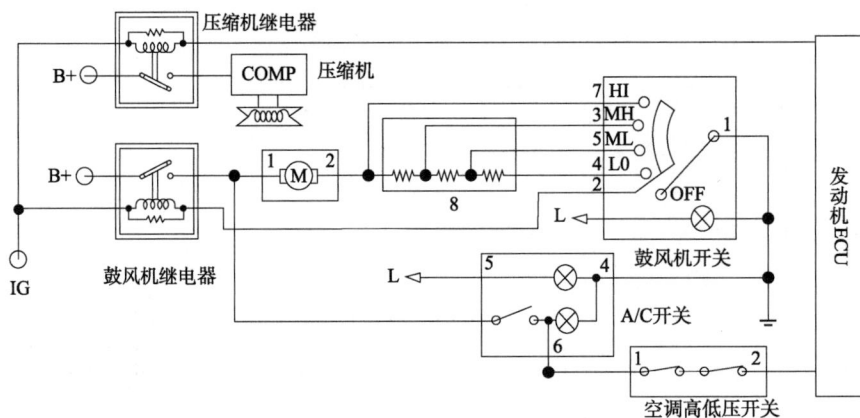

图 1-38 发动机 ECU 控制的控制原理

3. 压缩机电磁离合器控制电路

压缩机电磁离合器控制电路如图 1-39 所示,_____KR29 的电磁线圈控制电路 2 号端子由发动机控制点火继电器_____供电,当按下空调开关时,空调_____通过串行数据发送至发动机控制模块_____,空调压缩机启动条件满足时,_____端子由发动机控制模块_____端子控制搭铁,KR29 的触点闭合。KR29 的_____端子由 B + 蓄电池正极_____,供电线束由保险丝_____进行过载保护,3 号端子经 2 号端子给_____Q2 正极供电,Q2 的负极经 1 号端子直接通过_____与车身搭铁,Q2 接合,G1 空调压缩机运转。

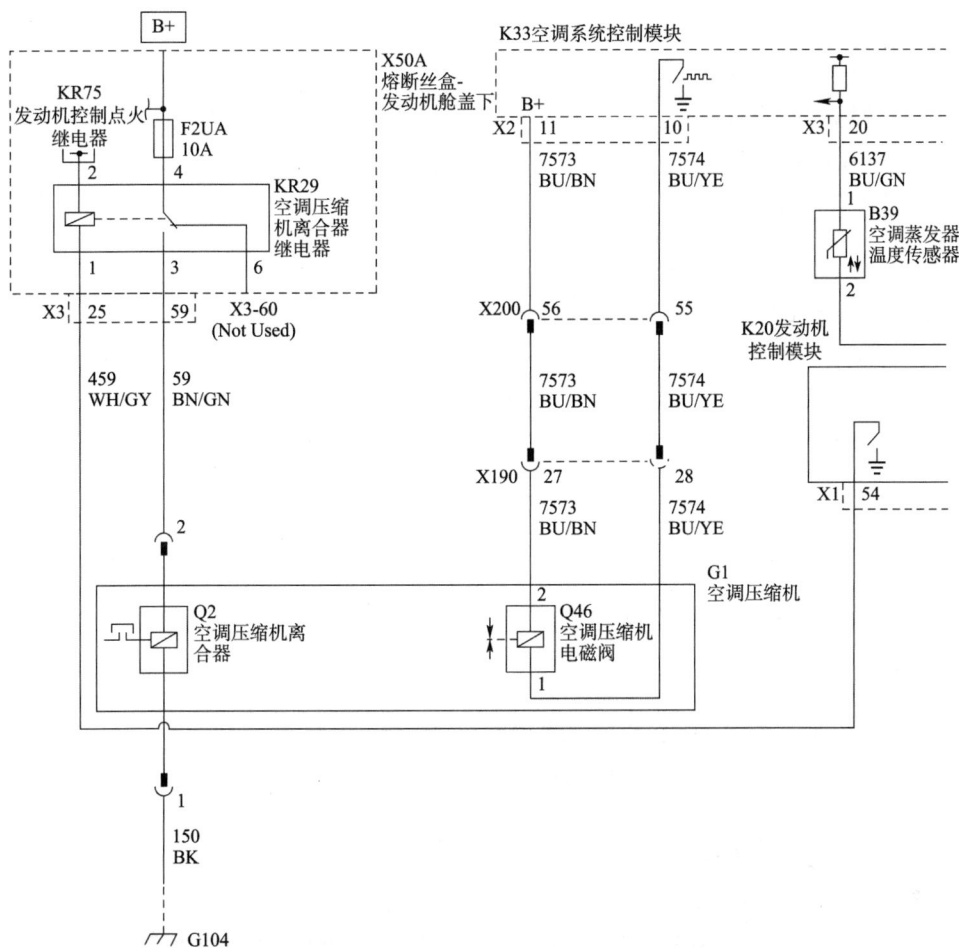

图1-39 压缩机电磁离合器控制电路

(二)制订工作方案

1. 任务分工

学生任务分配见表1-18。

学生任务分配表 表1-18

班级		组号		指导老师	
组长		任务分工			
组员1		任务分工			
组员2		任务分工			
组员3		任务分工			
组员4		任务分工			
组员5		任务分工			
组员6		任务分工			

2. 工量具、仪器设备与耗材准备

(1)使用的工量具有：_____。

(2)使用的仪器设备有：_____。

(3)使用的耗材有：_____。

3. 具体方案描述

_____

_____

_____

_____

_____

_____。

三、计划实施

(一)安全注意事项及技能要点

1. 安全注意事项

(1)拆卸前,关闭车辆电源,松开蓄电池负极。

(2)拆卸前,做好防护准备,戴防护手套、护目镜等。

(3)规范使用举升机。

(4)不允许带电拔插电气元件。

(5)使用跨接线时,确认连接正确后再通电检修。

(6)万用表测量时,表笔与被测电器紧密接触,防止虚接,造成数据不准。

2. 技能要点

(1)正确使用拆装工具。

(2)正确使用万用表。

(3)正确拆装压缩机电磁离合器。

(4)正确检测压缩机电磁离合器。

(5)正确检测电磁离合器控制线路。

(6)装配螺栓达到规定力矩。

(7)按照"8S"要求整理。

(二)汽车压缩机电磁离合器不接合故障检修任务实施

1. 压缩机电磁离合器检修

压缩机电磁离合器检修操作方法及说明见表1-19。

压缩机电磁离合器检修操作方法及说明　　　　　　　　　表 1-19

步骤	操作方法及说明	质量标准及记录
1. 压缩机电磁离合器检查	（1）检查离合器从动盘（压力板）是否变色、剥落或损伤，摩擦表面是否存在因过热和打滑而引起的刮痕,如有,应更换带轮总成;如果摩擦表面有油污或脏污,应擦拭或清洗干净; （2）检查带轮轴承是否松旷、漏油,转动是否平稳且无杂声,如有损坏,应及时更换; （3）检查压盘有无噪声,在空调打开或关闭时,应无异常的金属噪声,否则更换电磁离合器; （4）检查离合器片到带轮的间隙是否符合要求（一般为0.3~0.6mm）,如不符合,应进行调节 离合器片　　带轮总成　　塞规	□正确检查压缩机电磁离合器 　从动盘 _____（是/否）正常 　带轮轴承 _____（是/否）正常 　压盘 _____（是/否）正常 □正确测量离合器片和带轮间的间隙 　间隙值 _____
2. 压缩机电磁离合器的拆卸	（1）断开蓄电池负极; （2）举升车辆,释放传动带张紧力,拆下压缩机传动带; （3）用扭力扳手拆卸六角组合螺母,旋出离合器吸盘; （4）用卡簧钳将卡簧取出; 	□规范举升车辆 □规范使用拆卸工具

步骤	操作方法及说明	质量标准及记录
2. 压缩机电磁离合器的拆卸	（5）用专用工具组合成二爪拉拔器形式，轻轻钩住传动带盘的下沿，注意两侧夹持部位应在同一水平面上转动，使传动带盘脱出； （6）拆卸压缩机前盖挡圈，用卡钳将挡圈取出 	
3. 压缩机电磁离合器的安装	压缩机电磁离合器的安装顺序与拆卸相反，注意事项如下： （1）传动带盘和吸盘对准中心部位，安装到位； （2）安装时线圈凸缘必须与压缩机前盖上的凹槽相配，防止线圈移动，并正确放置导线； （3）六角组合螺母拧紧到规定力矩； （4）按照传动带的标记方向安装； （5）更换压缩机电磁离合器后，需向新电磁离合器施加电压并检查其工作是否正常	□正确安装压缩机电磁离合器 □螺母达到力矩要求 □正确安装压缩机传动带 □正确检查更换的电磁离合器工作情况 □按照"8S"要求整理

2.压缩机电磁离合器不接合故障检修

压缩机电磁离合器不接合故障检修见表1-20。

压缩机电磁离合器不接合故障控制电路检修操作方法及说明　　　　表1-20

步骤	操作方法及说明	质量标准及记录
压缩机电磁离合器及其线路检测	（1）关闭点火开关，拔下电磁离合器Q2导线连接，用万用表电阻挡检测电磁离合器的1号针脚和2号针脚之间的电阻值，电阻值应为3~5Ω； 压缩机插头 （2）打开点火开关，用万用表电压挡检测电磁离合器Q2的1号针脚和2号针脚之间的电压值，在A/C关闭时应为0V，在A/C打开时应为12V以上，在空调风扇低速运转时应为12V以上； 压缩机插头 （3）若检测值与规定值不相符，用万用表检测压缩机电磁离合器继电器KR29是否损坏（检测方法见学习任务二的学习活动4），检查相关线束是否损坏，以及各接头的绝缘性是否良好，否则更换电磁离合器	□正确使用万用表 □正确分离线束插头 □正确判断检测值是否符合规定值 电阻值＿＿＿＿＿＿ □正确判断检测值是否符合规定值 A/C关闭时电压值 ＿＿＿＿＿＿＿＿＿ A/C打开时电压值 ＿＿＿＿＿＿＿＿＿ 低速电压值＿＿＿＿ □正确判断继电器是否损坏 □正确判断导线是否损坏 □正确判断各接头绝缘性 □按照"8S"要求整理 □安全环保

⚙ 四、评价反馈

评价内容见表1-21。

评价表 表1-21

评分项目	评分标准	分值	得分
学习目标	能明确本任务的知识、技能、素养目标,理解任务在工作中的重要程度	5	
工作任务分析	能清晰描述完成本次工作任务内容	2	
	能清晰描述完成本次工作任务需必备的技能与知识点	2	
有效信息获取	能查阅资料获取空调压缩机电磁离合器结构	5	
	能查阅资料获取空调电磁离合器工作原理	5	
	能查阅资料获取空调电磁离合器的控制方式	5	
	能识读空调压缩机电磁离合器控制电路	10	
实施方案制订	能清晰地制订并填写本次汽车空调压缩机电磁离合器不接合故障检修的准备作业计划	5	
	能组织或协同工作小组成员,明确本次任务所需仪器设备、工具、材料的准备与清点,并准备记录	5	
	能组织或协同工作小组成员交流,优化检查方案并记录	5	
任务实施	能按规范流程,完成压缩机电磁离合器的检查	5	
	能按照规范流程,完成空调压缩机电磁离合器的拆装	10	
	能按照规范流程,完成压缩机电磁离合器及线路检测	20	
任务评价	通过本次任务实施,结合自己在实训过程中的表现,进行自我评价及自我反思并记录	3	
职业素养	按规定时间完成项目作业	2	
	遵守实训室管理规定、劳动纪律	2	
	积极参与课堂活动、回答问题	2	
	能够按时出勤	2	
思政要求	养成做事细心、严谨的作风	2	
	提高合作意识和创新精神	2	
	养成良好的安全意识、"8S"管理意识,注重节约、节能和环保	1	
总计		100	

改进建议:

教师签字:

日期:

任务习题 >>>

1.单选题

(1)汽车空调制冷循环工作过程由压缩、冷凝、膨胀和(　　)四个过程组成。

  A.蒸发　　　　　　B.排气　　　　　　C.做功　　　　　　D.排气

(2)压缩机将蒸发器低温低压气态制冷剂压缩成(　　)气态制冷剂,送往冷凝器冷却降温。

  A.低温低压　　　B.低温高压　　　C.中温中压　　　D.高温高压

(3)汽车空调制冷循环工作过程中,冷凝过程是制冷剂(　　)。

  A.从气态变为液态　　　　　　　　　B.从液态变为气态

  C.从气态变为固态　　　　　　　　　D.从固态变为液态

(4)空调制冷系统工作时,膨胀阀前后管道应(　　)。

  A.前冷后热　　　　　　　　　　　　B.前热后冷

  C.前后一致　　　　　　　　　　　　D.以上都不是

(5)在制冷循环蒸发过程的后期,制冷剂呈(　　)态,被吸入压缩机。

  A.液　　　　　　　B.气　　　　　　C.半液半气　　　D.固

(6)空调系统中冷凝器的安装要求之一是(　　)。

  A.上接出液管,下接进气管　　　　　B.上、下管可随意连接

  C.上接进气管,下接出液管　　　　　D.上接排气管,下接吸气管

(7)汽车空调系统中储液干燥器安装在(　　)侧。

  A.微压　　　　　　B.低压　　　　　　C.中压　　　　　　D.高压

(8)空调系统中蒸发器的作用是(　　)。

  A.控制制冷剂流量　　　　　　　　　B.吸收车厢中热量

  C.散发制冷剂热量　　　　　　　　　D.以上都不是

(9)汽车空调系统中储液干燥器的作用(　　)。

  A.储液　　　　　　　　　　　　　　B.吸湿

  C.过滤杂质　　　　　　　　　　　　D.以上都是

(10)汽车空调制冷的原理是利用制冷剂液体在(　　)内蒸发或沸腾变为气态制冷剂,吸热来降低车内温度的。

  A.冷凝器　　　　　　　　　　　　　B.蒸发器

  C.压缩机　　　　　　　　　　　　　D.膨胀阀

(11)利用紧贴在低压管道上的毛细管来自动调节开度的膨胀阀,属于(　　)平衡式膨胀阀。

  A.外　　　　　　　B.内　　　　　　C.内外　　　　　　D.压力

(12)下列不是空调系统检漏方法的是(　　)。

  A.肥皂法　　　　　　　　　　　　　B.电子检漏仪

  C. 卤素灯检漏法   D. 点灯法

  (13)冷冻润滑油在空调制冷系统中完全溶于制冷剂,并伴随制冷剂一起在制冷系统中循环,起到( )作用

    A. 润滑   B. 密封

    C. 冷却   D. 降低压缩机噪声

    E. 以上都是

  (14)甲说,充注制冷剂过多可能引起压缩机噪声;乙说,加注冷冻机油过多可能引起压缩机噪声。你认为( )。

    A. 甲正确   B. 乙正确

    C. 两人均正确   D. 两人均不正确

  (15)变排量压缩机,不采集( )出口的温度信号,而是根据空调管路中的( )信号控制压缩机的压缩比,自动调节出口温度。

    A. 蒸发器 压力   B. 蒸发器 温度

    C. 冷凝器 压力   D. 冷凝器 温度

2. 判断题

  (1)汽车空调制冷循环中,膨胀阀之前称为高压侧,膨胀阀之后称为低压侧。

                           ( )

  (2)压缩机将冷凝器的低温低压气态制冷剂压缩成高温高压气态制冷剂,送往蒸发器冷却降温。   ( )

  (3)冷凝器一般结构类型主要有管片式、管带式和平流式三种,其中平流式冷凝器传热效率比管片式的提高30% ~40%。   ( )

  (4)空调系统中的湿气将会腐蚀空调功能部件,还可能形成"冰堵",常见在膨胀阀的节流小孔处冻结,造成制冷剂管路堵塞等。   ( )

  (5)冷凝器应安装在车上不易通风的地方,让制冷剂更容易液化。 ( )

  (6)膨胀阀和孔管的作用基本相同,但膨胀阀安装在高压侧,而孔管则安装在低压侧。   ( )

  (7)压缩机吸收的是高温低压的制冷剂蒸气。   ( )

  (8)经过蒸发器的风量不够,不但会使制冷效果差,还会引起蒸发器结霜。

                           ( )

  (9)制冷剂在冷凝器中冷凝是向外吸热。   ( )

  (10)储液干燥器安装在蒸发器出口处。   ( )

  (11)集液器是一种特殊式的储液干燥器,是用于气管路中的气液分离器。

                           ( )

  (12)节流膨胀式空调系统的储液干燥器安装在蒸发器后边。 ( )

  (13)膨胀节流管没有运动部件,具有结构简单、可靠性高、能耗低、维护成本低、适用于恶劣环境和长期稳定运行等优点。   ( )

（14）更换空调系统部件时,未安装管接头前,不要长时间打开管口保护盖,以免潮气进入。 （　　）

（15）汽车空调制冷剂一般采用 R134a,不会破坏臭氧层,其无毒性、无腐蚀,空气中不易燃,但是大量的排放到空气中不会造成全球变暖。 （　　）

3. 实操练习题

（1）汽车空调制冷不良,出风口温度不够低故障检修。

（2）汽车空调制冷不良,温度忽高忽低故障检修。

学习任务二
汽车空调无暖风故障检修

学习目标 》》》

1. 知识目标

(1)能讲述汽车空调暖风系统的作用及基本结构组成。

(2)能讲述汽车空调暖风系统工作过程。

(3)能讲述汽车空调控制开关和调速电阻的作用。

(4)能讲述汽车空调鼓风机开关和调速电阻的组成与位置。

(5)能讲述汽车空调继电器与熔丝的工作原理。

2. 技能目标

(1)能规范完成汽车空调暖风水箱的检查、拆卸和安装。

(2)能规范完成汽车空调控制开关的检查、拆卸和安装。

(3)能规范完成汽车空调鼓风机开关和调速电阻的检查、拆卸和安装。

(4)能规范完成汽车空调熔丝、继电器的检查、拆卸和安装。

(5)能根据检修计划,规范选择工具、检测仪器与设备。

(6)能正确记录、分析各种检测结果并做出故障判断。

3. 素养目标

(1)养成做事细心、严谨的作风。

(2)提高合作意识和创新精神。

(3)养成良好的安全意识、"8S"管理意识,注重节约、节能和环保。

(4)培养爱党报国、诚实守信、爱岗敬业的意识,培养精益求精的工匠精神。

参考学时 》》》

40 学时

任务描述 》》》

一辆汽车进厂维修,客户反映开空调暖风时无暖风。该车配置为手动空调,且仪表未出现异常故障报警情况。经班组长初步检查,判断为暖风水箱水阀出现故障,需要对空调制热系统进行检修。

学习活动 1 汽车空调暖风水箱的检查

一、明确任务

根据任务描述,需要对汽车空调暖风水箱部件进行检查与更换,使其恢复正常使用性能。

二、工作准备与计划制订

(一)知识准备

1.汽车空调暖风系统的作用

(1)取暖。

汽车空调暖风系统的作用是将车内的空气或从车外吸入车内的空气送入_____,吸收某种热源的热量,提高空气的_____,并将热空气送入车厢内,如图 2-1 所示。

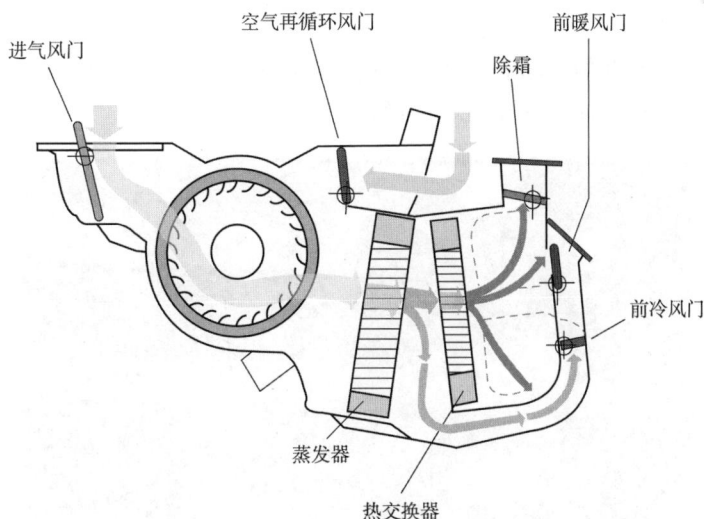

图 2-1 汽车空调暖风系统

(2)除霜。

汽车空调暖风系统能够在寒冷的天气中为驾驶人和乘客提供温暖的环境,使驾驶更加舒适;还能减少_____的产生,避免影响驾驶视线,增加行车安全。

2. 汽车空调暖风系统的分类

(1)根据热源不同分类。

①水暖式暖风系统。

水暖式暖风系统热源来自_____,多用于轿车、大型货车及采暖要求不高的客车上。水暖式暖风系统主要由_____、_____、_____、_____等组成。其中,鼓风机由可调节速度的直流电动机和鼠笼式风扇组成,作用是将自然空气吹向加热器,自然风加热后被送入车内。

②独立燃烧式暖风系统。

独立燃烧式暖风系统热源来自_____燃烧的热量,多用于大客车上。

③气暖式暖风系统。

气暖式暖风系统热源来自_____系统,多用于风冷式发动机汽车上。

将汽车发动机排气管排出的废气引入_____中,热管交换器中装有_____,液态氨受热后汽化上升到热管交换器上部与空气进行热交换,加热从通风口进来的空气,空气被加热后,由鼓风机吹入车厢内供暖,放出热量后的氨气随即冷凝并流回下部,接着完成下一个工作循环。

④综合预热式暖风系统。

综合预热式暖风系统热源来自_____的热量和_____燃烧装置的热量两个方面,多用于大客车上。

(2)按空气循环方式不同分类。

①内循环式。

汽车空调系统从车内吸入空气,并将其在车内循环,以防止外界_____进入车内,从而保持车内空气的清洁和舒适。在内循环模式时,如图 2-2 所示,空调系统通过关闭车外的气流通道,使空气仅在车内循环。

图 2-2　汽车空调内循环和外循环按钮

②外循环式。

汽车空调系统从车外吸入新鲜空气,并将其送入车内,以保持车内空气的新鲜度和质量。在外循环模式时,如图 2-2 所示,车外的空气通过空调系统进入车内,可以有效降低车内_____的浓度,从而保持驾乘人员的清醒状态。还可以防止_____,特别是在湿热环境下,使用外循环模式可以避免因空气快速冷却而产生的雾气。

③内外混合式。

将车外的新鲜空气和车内的部分空气混合,然后通过热交换器_____,再送入车内供取暖或制冷使用。该系统既引进了外部的_____,又利用了部分车内空气作为载热体,通过热交换器升温或降温,从而达到调节车内温度的目的。

3.汽车空调暖风系统的组成

汽车空调暖风系统主要由_____、_____、_____、_____及相应的管路等组成,如图 2-3 所示。暖风水箱的结构由水管和_____组成,经发动机加热的冷却液进入暖风水箱的水管,通过散热器片散热后,再返回发动机的冷却系统。暖风水箱的冷却液流量是通过_____来控制的,一般手动空调系统,水阀通常采用一个拉索进行操纵。其各主要部件的功用及实物图片见表 2-1。

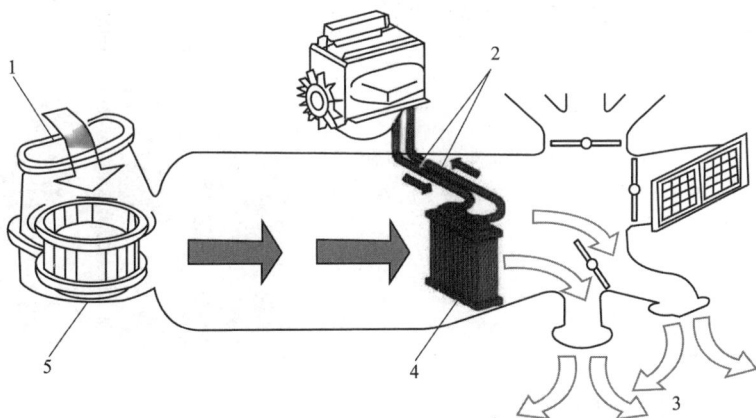

图 2-3 汽车空调暖风系统组成
1-进风口;2-发动机冷却液;3-出风口;4-暖风水箱;5-鼓风机

汽车空调暖风系统主要部件名称、功用及实物图片对照表　　表 2-1

元件名称	序号	功用	实物图片
进风口	1	在前风窗玻璃右侧下面的进风口,吸入外部新鲜空气,进入到汽车驾驶室,提高驾乘舒适度	

元件名称	序号	功用	实物图片
发动机冷却液	2	防冻:在低温环境下,冷却液能防止结冰,避免对冷却系统和发动机造成损害; 冷却:冷却液在发动机运转时吸收多余热量,通过冷却系统散发出去,维持发动机的正常工作温度; 防腐:由于冷却系统主要由金属部件构成,冷却液含有特殊添加剂,可以防止这些金属部件的腐蚀和锈蚀; 防垢:由于高温下水分蒸发会留下矿物质沉积,形成水垢,冷却液经过软化处理,可以防止这种沉积,避免堵塞冷却系统; 防沸:在高温环境下,冷却液能防止沸腾,保持发动机的正常运行	
出风口	3	调整空调控制面板,将外部的新鲜空气输送到驾驶室的各个出风口,提高驾乘舒适度	
暖风水箱	4	加热后的发动机冷却液经水阀送入暖风水箱,空气经过暖风水箱被加热,再输送到驾驶室,提高车厢温度	
鼓风机	5	将汽车空调蒸发箱上的冷气或暖水箱的热气有效地吹送到驾驶室,为驾乘人员提供舒适的驾乘环境	

元件名称	序号	功用	实物图片
热水调节阀	6	热水调节阀安装在发动机冷却液通道中,用于控制进入暖风水箱的发动机冷却液流量	

4. 汽车空调暖风水箱的安装位置

汽车空调暖风水箱的安装位置,如图 2-4 所示,一般安装在汽车驾驶室的仪表台中间下方的位置。

图 2-4　汽车空调暖风水箱位置

5. 汽车空调暖风水箱的工作原理

起动运转汽车发动机,冷却液循环流动,并加热_____,待冷却液温度上升,打开空调开关,温度调至红色区域或舒适温度,鼓风机运转,吸入外部空气或内部空气,送入_____,空气经过暖风水箱被加热,再输送到通风管道,经各个出风口排至驾驶室,提高车厢温度。

(二)制订工作方案

1. 任务分工

学生任务分配见表 2-2。

学生任务分配表 表2-2

班级		组号		指导老师	
组长		任务分工			
组员1		任务分工			
组员2		任务分工			
组员3		任务分工			
组员4		任务分工			
组员5		任务分工			
组员6		任务分工			

2.工量具、仪器设备与耗材准备

(1)使用的工量具有：_____。

(2)使用的仪器设备有：_____。

(3)使用的耗材有：_____。

3.具体方案描述

_____

_____

_____

_____

_____。

三、计划实施

(一)安全注意事项及技能要点

1.安全注意事项

(1)拆卸前,关闭车辆电源,松开蓄电池负极。

(2)拆装前,穿戴安全鞋、工作服、防护手套、护目镜等。

(3)拆卸暖风水箱与管路连接部位时,使用专用袋盛装剩余冷却液,避免腐蚀车内部件。

(4)取出暖风水箱时,注意周围部件,避免磕碰损坏。

(5)安装暖风水箱时,更换新密封圈,避免冷却液泄漏。

2.技能要点

(1)正确使用拆装工具。

(2)正确排放冷却液。

(3)规范拆卸和安装汽车空调暖风水箱。

（4）正确检查汽车空调暖风水箱。

（5）装配螺栓达到规定力矩。

（6）按照"8S"要求整理。

（二）汽车空调暖风水箱检修任务实施

汽车暖风水箱检修操作方法及说明见表2-3。

汽车暖风水箱拆装操作方法及说明   表2-3

步骤	操作方法及说明	质量标准及记录
1.暖风水箱拆卸	（1）关闭点火开关，拉起驻车制动器，拆下蓄电池负极连接线； （2）举升车辆，排放冷却液，使用专业容器回收冷却液；（详见更换冷却液） （3）查看维修手册，确认暖风水箱位置； （4）拆卸暖风水箱固定螺栓； （5）分离暖风水箱水管（使用专用袋固定在水管接口处）；	□正确拆卸蓄电池负极 □正确查看维修手册 □正确拆卸暖风水箱、进出口水管

续上表

步骤	操作方法及说明	质量标准及记录
1.暖风水箱拆卸	 (6)取出暖风水箱	□按照"8S"要求整理 □安全环保
2.暖风水箱检查	(1)进出水管:是否有变形、锈蚀、磨损、泄漏; (2)连接处:是否有变形、锈蚀、磨损、泄漏; (3)暖风水箱:是否有变形、锈蚀、磨损、泄漏	□正确判断暖风水箱变形、锈蚀、磨损、泄漏情况 □按照"8S"要求整理
3.暖风水箱安装	(1)更换2个暖风水箱管密封圈,并涂抹凡士林; (2)汽车空调暖风水箱的安装顺序与拆卸相反; (3)加注冷却液	□更换密封圈 □正确安装暖风水箱、进出口水管 □按照标准力矩紧固零部件 □按照"8S"要求整理 □安全环保

四、评价反馈

评价内容见表2-4。

评价表   表2-4

评分项目	评分标准	分值	得分
学习目标	能明确本任务的知识、技能、素养目标,理解任务在工作中的重要程度	5	
工作任务分析	能清晰描述完成本次工作任务内容	2	
	能清晰描述完成本次工作任务需必备的技能与知识点	2	
有效信息获取	能查阅资料获取汽车空调暖风系统的作用	5	
	能查阅资料获取汽车空调暖风系统的组成	5	
	能查阅资料获取汽车空调暖风水箱的安装位置	5	
	能查阅资料获取汽车空调暖风系统的工作原理	5	
实施方案制订	能清晰地制订并填写本次汽车空调暖风水箱的检查的准备作业计划	5	
	能按规范流程,完成汽车空调暖风水箱检查	5	
	能组织或协同工作小组成员交流,优化检查方案并记录	5	
任务实施	能按规范流程,完成汽车空调暖风水箱的拆卸	10	
	能按规范流程,完成汽车空调暖风水箱的检修	20	
	能按规范流程,完成汽车空调暖风水箱的安装	10	
任务评价	通过本次任务实施,结合自己在实训过程中的表现,进行自我评价及自我反思并记录	3	
职业素养	按规定时间完成项目作业	2	
	遵守实训室管理规定、劳动纪律	2	
	积极参与课堂活动、回答问题	2	
	能够按时出勤	2	
思政要求	养成做事细心、严谨的作风	2	
	提高合作意识和创新精神	2	
	养成良好的安全意识、"8S"管理意识,注重节约、节能和环保	1	
总计		100	

改进建议:

教师签字:

日期:

学习活动 2　汽车空调控制开关的检查与更换

一、明确任务

根据任务描述,需要对汽车空调控制开关部件进行检查与更换,使其恢复正常使用性能。

二、工作准备与计划制订

(一)知识准备

1.汽车空调控制开关的作用

汽车空调控制开关的作用是起动压缩机的空调制冷开关,通过按下开关可以调节和控制汽车室内的_____、_____、_____及气流达到最佳状态,如图2-5所示。

图2-5　汽车空调控制开关

2.汽车空调控制开关的类型

(1)手动控制。

驾驶员或乘客通过物理按钮、旋钮或开关直接操作空调系统,以调节_____、_____和风向等设置。

(2)半自动控制。

介于手动空调和全自动空调之间,具有部分自动调节功能,还需要驾驶员进行部分手动操作。

(3)全自动控制。

是一种智能化的空调系统,它能够自动调节车内的温度、_____、清洁度、风量和风向,以提供乘客舒适的乘车环境。

3.汽车空调控制开关的结构组成

汽车空调控制开关主要由 AC 开关、OFF 开关、_____、_____、_____ 等组成,如图 2-6 所示。

(1)AC 开关的作用是控制汽车空调系统的_____,从而启动制冷循环。

(2)OFF 开关的作用是_____汽车空调。

(3)温度调节开关的作用是控制汽车空调出风_____的高低。顺时针旋转为高温(红色区域),逆时针旋转为低温(蓝色区域)。

(4)风速调节开关的作用是控制汽车空调出风口的_____,以满足乘客对舒适度的需求。

(5)出风模式的作用是根据驾乘人员所需气流_____,选择合适的模式;模式由正面出风 ➶、脚部出风 ➴、正面及脚部出风 ➷、除雾与脚部出风 ➹、前风窗玻璃除雾 ➼ 等组成。

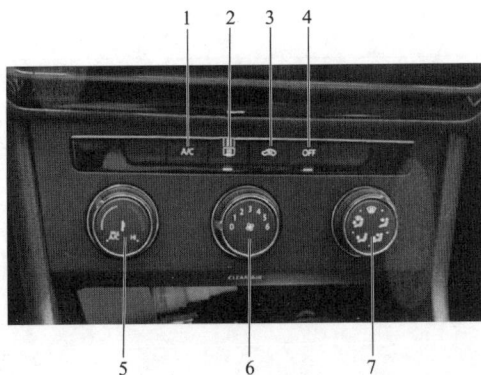

图 2-6　控制开关组成

1:_____　　2:_____　　3:_____
4:_____　　5:_____　　6:_____
7:_____

(二)制订工作方案

1.任务分工

学生任务分配见表 2-5。

学生任务分配表 表2-5

班级		组号		指导老师	
组长		任务分工			
组员1		任务分工			
组员2		任务分工			
组员3		任务分工			
组员4		任务分工			
组员5		任务分工			
组员6		任务分工			

2.工量具、仪器设备与耗材准备

（1）使用的工量具有：＿＿＿＿＿＿＿＿＿＿＿＿＿＿＿＿＿＿＿＿＿＿。

（2）使用的仪器设备有：＿＿＿＿＿＿＿＿＿＿＿＿＿＿＿＿＿＿＿。

（3）使用的耗材有：＿＿＿＿＿＿＿＿＿＿＿＿＿＿＿＿＿＿＿＿＿。

3.具体方案描述

＿＿＿＿＿＿＿＿＿＿＿＿＿＿＿＿＿＿＿＿＿＿＿＿＿＿＿＿＿＿＿＿＿

＿＿＿＿＿＿＿＿＿＿＿＿＿＿＿＿＿＿＿＿＿＿＿＿＿＿＿＿＿＿＿＿＿

＿＿＿＿＿＿＿＿＿＿＿＿＿＿＿＿＿＿＿＿＿＿＿＿＿＿＿＿＿＿＿＿＿

＿＿＿＿＿＿＿＿＿＿＿＿＿＿＿＿＿＿＿＿＿＿＿＿＿＿＿＿＿＿＿＿＿

＿＿＿＿＿＿＿＿＿＿＿＿＿＿＿＿＿＿＿＿＿＿＿＿＿＿＿＿＿＿＿＿。

⚙ 三、计划实施

（一）安全注意事项及技能要点

1.安全注意事项

（1）拆卸前，关闭车辆电源，松开蓄电池负极。

（2）拆装前，穿戴安全鞋、工作服、防护手套等。

（3）使用撬具时，请勿暴力压撬，防止部件变形、损坏。

（4）旋转汽车空调控制开关时，严禁快速多挡位旋转，防止开关损坏。

（5）拆卸前，认真阅读《维修手册》。

2.技能要点

（1）正确使用拆装工具。

（2）规范使用撬具。

（3）规范拆卸和安装汽车空调控制开关。

（4）正确检查汽车空调控制开关。

（5）装配螺栓达到规定力矩。

（6）按照"8S"要求整理。

（二）汽车空调控制开关检查

汽车空调控制开关检查操作方法及说明见表2-6。

汽车空调控制开关拆装操作方法及说明　　　　　　　　表2-6

步骤	操作方法及说明	质量标准及记录
1.控制开关检查	1.制冷检查 　夏天天气较热,为了提高车厢内的驾乘舒适度,开启制冷模式。 　（1）起动发动机,旋转风量旋钮至1～4挡,按下A/C开关,使压缩机运转。 　（2）调节温度旋钮至最低。 　（3）出风模式调至正面出风 ⤵ 。 　（4）根据天气温度和个人情况,调节温度旋钮至合适位置,出风模式调至正面出风、脚部出风 ⤵ 、正面及脚部出风 ⤵ 、除雾与脚部出风 ⤵ 、前风窗玻璃除雾 ⤵ 。 　2.除霜检查 　冬天天气较冷,空气中的水分飘落到前风窗玻璃,容易形成结霜现象。 　（1）起动发动机,待冷却液温度升高,旋转风量旋钮至最大。 　（2）温度旋钮调至最高。 　（3）出风模式调至前风窗玻璃除雾。 　3.除雾检查 　下雨天气,空气中的湿度较大,容易在车厢内的玻璃上结雾,严重影响驾车视线,造成行车安全。 　（1）起动发动机,旋转风量旋钮至最大,按下A/C开关,使压缩机运转。 　（2）温度旋钮调至最低。 　（3）出风模式调至前风窗玻璃除雾或除雾与脚部出风。 　4.暖风检查 　冬天天气较冷,为了提升车厢内的驾乘舒适度,开启暖风,达到舒适温度。 　（1）起动发动机,待冷却液温度升高,旋转风量旋钮至1～4挡。 　（2）调节温度旋钮至合适位置。 　（3）出风模式调至正面出风、脚部出风、正面及脚部出风、除雾与脚部出风	□正确使用汽车空调控制开关 □正确打开制冷模式 □正确打开正面出风 ⤵ □正确打开正面及脚部出风 ⤵ □正确打开除雾与脚部出风 ⤵ □正确打开前风窗玻璃除雾 ⤵ □正确打开前风窗玻璃除霜 □正确打开前风窗玻璃除雾 □正确打开前风窗玻璃除雾与脚部出风 □正确打开暖风 □按照"8S"要求整理 □安全环保

步骤	操作方法及说明	质量标准及记录
2.控制开关 拆卸	（1）拆下蓄电池负极连接线； （2）拆下仪表台中间两个出风口； （3）松开两侧固定螺栓； （4）用撬具撬开控制开关； （5）拔出线束插头；	□正确拆卸蓄电池负极连接线 □正确使用撬具 □正确使用旋具 □正确分离线束插头 □正确拆卸控制开关 □按照"8S"要求整理 □安全环保

续上表

步骤	操作方法及说明	质量标准及记录
2.控制开关拆卸	 (6)取下控制开关	
3.控制开关安装	汽车空调控制开关的安装顺序与拆卸相反	□正确安装控制面板 □确认插头连接牢固 □按照标准力矩紧固零部件 □按照"8S"要求整理 □安全环保

四、评价反馈

评价内容见表2-7。

评价表   表2-7

评分项目	评分标准	分值	得分
学习目标	能明确本任务的知识、技能、素养目标,理解任务在工作中的重要程度	5	
工作任务分析	能清晰描述完成本次工作任务内容	2	
	能清晰描述完成本次工作任务需必备的技能与知识点	2	
有效信息获取	能查阅资料获取汽车空调控制开关的作用	5	
	能查阅资料获取汽车空调控制开关的组成	5	
实施方案制订	能清晰地制订并填写本次汽车空调控制开关的检查与更换的准备作业计划	5	
	能按规范流程,完成"汽车空调控制开关检修操作方法及说明"的"空调控制开关的检查"	5	
	能组织或协同工作小组成员交流,优化检查方案并记录	5	

续上表

评分项目	评分标准	分值	得分
任务实施	能按规范流程,完成汽车空调控制开关的拆卸	15	
	能按规范流程,完成汽车空调控制开关的检修	20	
	能按规范流程,完成汽车空调控制开关的安装	15	
任务评价	通过本次任务实施,结合自己在实训过程中的表现,进行自我评价及自我反思并记录	3	
职业素养	按规定时间完成项目作业	2	
	遵守实训室管理规定、劳动纪律	2	
	积极参与课堂活动、回答问题	2	
	能够按时出勤	2	
思政要求	养成做事细心、严谨的作风	2	
	提高合作意识和创新精神	2	
	养成良好的安全意识、"8S"管理意识,注重节约、节能和环保	1	
总计		100	

改进建议:

教师签字:
日期:

学习活动3 汽车空调鼓风机开关和调速电阻的检查与更换

⚙ 一、明确任务

根据任务描述,需要对汽车空调鼓风机开关、调速电阻部件进行检查与更换,使其恢复正常使用性能。

⚙ 二、工作准备与计划制订

(一)知识准备

1.汽车空调鼓风机开关和调速电阻的作用

(1)汽车空调鼓风机开关。汽车空调鼓风机开关的作用是打开或关闭_____运转,工作时把汽车外部空气或车厢内部空气通过鼓风机输送到_____,经出风口到达车厢,并调节车厢温度,如图2-7所示。

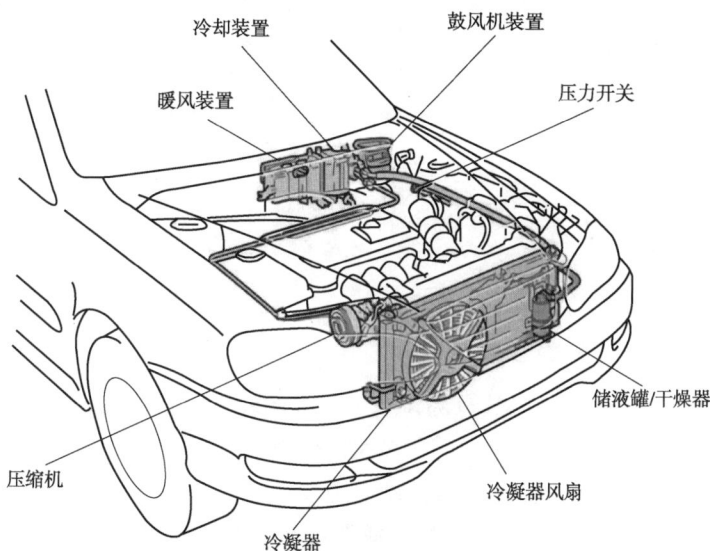

图2-7　汽车空调鼓风机开关

(2)汽车空调调速电阻。汽车空调调速电阻的作用是调节通过鼓风机电动机的_____来控制鼓风机的转速。鼓风机负责将经过_____的空气吹入车厢内,以调节_____。通过改变鼓风机的转速,可以调整送风的强度,从而更好地满足乘客对舒适度的需求。

2.汽车空调鼓风机开关的组成

汽车空调鼓风机开关由_____、_____、_____等组成。

3. 汽车空调鼓风机开关和调速电阻位置

汽车空调鼓风机一般的安装在仪表台右侧储物箱下方的位置,如图 2-8 所示。

汽车空调调速电阻一般安装在风道内部或储物箱下方或鼓风机旁边或鼓风机内部,如图 2-9 所示。当鼓风机运行时,利用通过的气流直接冷却调速电阻,防止在工作过程中因过热而损坏。

图 2-8　鼓风机安装位置

图 2-9　调速电阻安装位置

4. 汽车空调鼓风机的控制原理

汽车空调鼓风机的控制方式分为调速电阻控制和 PWM(脉宽调制)控制。调速电阻控制主要用于手动空调或_____;PWM(脉宽调制)控制主要用于_____。

(1)汽车空调鼓风机的调速电阻控制原理

汽车空调鼓风机的调速电阻控制原理是打开_____,接通_____,鼓风机根据开关挡位在不同的转速工作,如图 2-10 所示。

鼓风机开关位于 0 挡位时,电源未接通,鼓风机不工作。

鼓风机开关位于 1 挡位时,电源接通,鼓风机电路中串联了 3 个电阻,鼓风机低速运转。

鼓风机开关位于 2 挡位时,电源接通,鼓风机电路中串联了 2 个电阻,鼓风机_____运转。

鼓风机开关位于 3 挡位时,电源接通,鼓风机电路中串联了 1 个电阻,鼓风机_____运转。

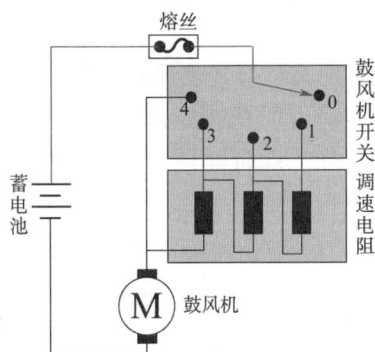

图 2-10　鼓风机控制原理

鼓风机开关位于 4 挡位时,电源接通,鼓风机电路中不串联电阻,鼓风机_____运转。

(2)汽车空调鼓风机的 PWM(脉宽调制)控制工作原理

汽车空调鼓风机的 PWM(脉宽调制)控制工作原理是通过调节脉冲信号的_____来控制输出信号的幅度,从而实现对鼓风机转速的精确控制。PWM 控制通常由_____或_____生成一个特定频率的方波信号,并通过改变该信号的_____来控制输出电平的高低。具体来说,PWM信号通过快速切换开关状态来为负载供电,其中高电平部分被认为是"开"状态,_____部分被认为是"关"状态。通过调节脉冲宽度,可以控制向负载提供的功率,从而调节鼓风机的速度。

(二)制订工作方案

1. 任务分工
学生任务分配见表2-8。

学生任务分配表　表2-8

班级		组号		指导老师	
组长		任务分工			
组员1		任务分工			
组员2		任务分工			
组员3		任务分工			
组员4		任务分工			
组员5		任务分工			
组员6		任务分工			

2. 工量具、仪器设备与耗材准备
(1)使用的工量具有:_____。
(2)使用的仪器设备有:_____。
(3)使用的耗材有:_____。
3. 具体方案描述

_____
_____
_____
_____
_____。

⚙ 三、计划实施

(一)安全注意事项及技能要点

1. 安全注意事项
(1)拆卸前,关闭车辆电源,松开蓄电池负极。

（2）拆装前,穿戴安全鞋、工作服、防护手套等。

（3）拆卸前,确认鼓风机和调速电阻的位置。

（4）鼓风机清洗时,严禁水洗和使用酸性、碱性清洗剂。

2．技能要点

（1）正确使用拆装工具。

（2）正确使用万用表进行测量。

（3）规范拆卸和安装汽车空调鼓风机和调速电阻。

（4）正确检查汽车空调鼓风机和调速电阻。

（5）装配螺栓达到规定力矩。

（6）按照"8S"要求整理。

（二）汽车空调鼓风机开关和调速电阻检查与更换任务实施

汽车空调鼓风机开关检查与更换操作方法及说明见表2-9。

汽车空调鼓风机开关和调速电阻检查与更换操作方法及说明　　　　表2-9

步骤	操作方法及说明	质量标准及记录
1. 鼓风机开关检查	（1）开关检查 　起动发动机,打开鼓风机开关分别在1~4挡运行,查看汽车空调出风口出风情况。 （2）风速检查 使用风速仪检测汽车空调出风量大小,分别在1~4挡进行测量,标准详见《维修手册》。 （3）鼓风机检查 　检测鼓风机供电电压应为蓄电池电压; 　检测鼓风机负极阻值应在1Ω以内; 　检测鼓风机电动机线圈阻值应在1Ω以内; 　鼓风机叶片检查,表面应干净无杂物。	□正确使用汽车空调鼓风机开关 □空调排风口出风 □空调排风口不出风 □1挡出风符合标准值 1挡出风量_____ □2挡出风符合标准值 2挡出风量_____ □3挡出风符合标准值 3挡出风量_____ □4挡出风符合标准值 4挡出风量_____ 鼓风机供电电压检测值: _____

步骤	操作方法及说明	质量标准及记录
1. 鼓风机开关检查	(4)调速电阻检查 外观检查： 检查调速电阻是否有明显的损坏,如烧焦、断裂或松动等现象。 电阻检测： 使用万用表测量调速电阻的端子间的电阻值,确保其在标准范围内(查看《维修手册》)。如果电阻值不在标准范围内,则需要更换调速电阻	鼓风机负极检测值： —————— 鼓风机电动机检测值： —————— □鼓风机叶片无杂物 □调速电阻外观正常 □1号针脚符合标准值 调速电阻1号针脚： —————— □2号针脚符合标准值 调速电阻2号针脚： —————— □3号针脚符合标准值 调速电阻3号针脚： —————— □4号针脚符合标准值 调速电阻4号针脚： —————— □按照"8S"要求整理 □安全环保
2. 鼓风机拆卸	(1)关闭点火开关,拉起驻车制动器,拆下蓄电池负极连接线； (2)断开鼓风机电源插头； (3)拆下线束固定螺钉； (4)拆下鼓风机固定螺钉；	□正确拆卸蓄电池连接线 □正确断开电源插头 □正确使用旋具 □正确拆卸鼓风机

步骤	操作方法及说明	质量标准及记录
2.鼓风机拆卸	(5)取出鼓风机	□按照"8S"要求整理 □安全环保
3.鼓风机安装	汽车空调鼓风机的安装顺序与拆卸相反	□正确安装鼓风机 □确认插头连接牢固 □按照标准力矩紧固零部件 □按照"8S"要求整理 □安全环保
4.调速电阻拆卸	(1)关闭点火开关,拉起驻车制动器,拆下蓄电池负极连接线; (2)查阅车辆维修手册,确认调速电阻的位置; (3)断开调速电阻电源插头。	□正确拆卸蓄电池连接线 □正确断开电源插头 □正确使用旋具 □正确拆卸调速电阻

续上表

步骤	操作方法及说明	质量标准及记录
4.调速电阻拆卸	(4)拆下两颗固定螺栓,取出调速电阻	□按照"8S"要求整理 □安全环保
5.调速电阻安装	汽车空调调速电阻的安装顺序与拆卸相反	□正确安装调速电阻 □确认插头连接牢固 □按照标准力矩紧固零部件 □按照"8S"要求整理 □安全环保

四、评价反馈

评价内容见表2-10。

评价表 表2-10

评分项目	评分标准	分值	得分
学习目标	能明确本任务的知识、技能、素养目标,理解任务在工作中的重要程度	5	

续上表

评分项目	评分标准	分值	得分
工作任务分析	能清晰描述完成本次工作任务内容	2	
	能清晰描述完成本次工作任务需必备的技能与知识点	2	
有效信息获取	能查阅资料获取汽车空调鼓风机开关和调速电阻的作用	5	
	能查阅资料获取汽车空调鼓风机开关的组成	5	
	能查阅资料获取汽车空调鼓风机开关和调速电阻的位置	5	
	能查阅资料获取汽车空调鼓风机开关和调速电阻的工作原理	5	
实施方案制订	能清晰地制订并填写本次汽车空调鼓风机开关和调速电阻的检查与更换的准备作业计划	5	
	能按规范流程,完成"汽车空调鼓风机开关和调速电阻检修操作方法及说明"的"鼓风机开关的检查"	5	
	能组织或协同工作小组成员交流,优化检查方案并记录	5	
任务实施	能按规范流程,完成汽车空调鼓风机的拆卸	10	
	能按规范流程,完成汽车空调调速电阻的拆卸	5	
	能按规范流程,完成汽车空调鼓风机开关和调速电阻的检查	10	
	能按规范流程,完成汽车空调鼓风机的安装	10	
	能按规范流程,完成汽车空调调速电阻的安装	5	
任务评价	通过本次任务实施,结合自己在实训过程中的表现,进行自我评价及自我反思并记录	3	
职业素养	按规定时间完成项目作业	2	
	遵守实训室管理规定、劳动纪律	2	
	积极参与课堂活动、回答问题	2	
	能够按时出勤	2	
思政要求	养成做事细心、严谨的作风	2	
	提高合作意识和创新精神	2	
	养成良好的安全意识、"8S"管理意识,注重节约、节能和环保	1	
总计		100	

改进建议:

教师签字:

日期:

学习活动 4　汽车空调继电器、熔丝的检查与更换

一、明确任务

根据任务描述,需要对汽车空调继电器与熔丝部件进行检查与更换,使其恢复正常使用性能。

二、工作准备与计划制订

(一)知识准备

1. 汽车空调继电器

(1)汽车空调继电器的作用。

继电器是具有_____的自动开关元件,具有动作快、工作稳定、使用寿命长、体积小等优点,如图 2-11 所示。

图 2-11　继电器

(2)汽车继电器分类。

①按工作原理:可分为电磁继电器、_____、_____、电子混合式继电器等;电磁继电器是使用最早、应用最广泛的一种继电器。

②用途:可分功能型和_____继电器两种。例如闪光继电器、刮水继电器等就属于功能型继电器,而普通单纯起电路通断与转换作用的继电器都属于控制型继电器。

③按触点状态:可分为常开型、_____和混合型三种。

④按控制方式:可分为电流型和_____继电器。

⑤按连接方式：可分为接线柱式和_____。

⑥按保护方式：可分为电阻保护式和_____。

（3）汽车空调继电器的工作原理。

电磁继电器一般由铁芯、线圈、_____、_____、_____、引线等组成。在线圈两端加上一定的电压，线圈中就会流过一定的电流，从而产生电磁效应，衔铁就会在电磁力吸引的作用下克服返回弹簧的拉力吸向铁芯，从而带动衔铁的动触点与静触点闭合。当线圈断电后，电磁的吸力也随之消失，衔铁就会在弹簧的反作用力返回原来的位置，使动触点与原来的静触点断开。继电器通过_____、_____，从而达到在电路中的导通、切断的目的。

2.汽车空调熔丝

（1）汽车空调熔丝的作用。

熔丝被称为一次性保险丝、电流保险丝或者熔断式保险丝，IEC127标准将它定义为"_____"。主要是起_____，保护汽车电器、电线等电路设备，如图2-12所示。

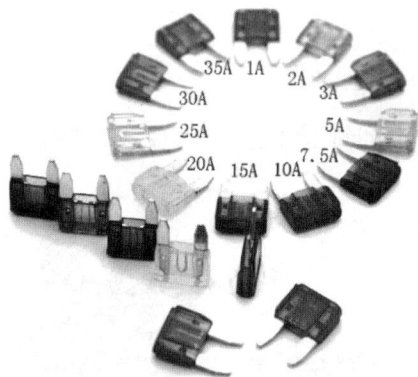

图2-12　熔丝

（2）汽车空调熔丝的分类。

熔丝分为叶片式熔丝（图2-12）、盒状熔丝（图2-13）、平板式熔丝（熔线）（图2-14）三种。

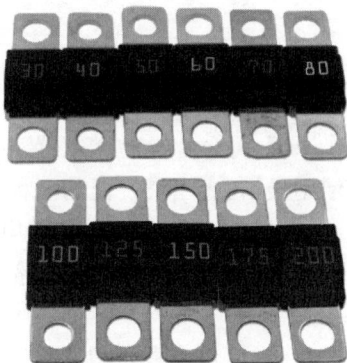

图2-13　盒状熔丝　　　　图2-14　平板式熔丝

①片式熔丝分为:超小号熔丝、小号熔丝、_____、_____。熔丝上都标明了最大额定电流;熔丝不同颜色代表不同的_____。叶片式熔丝通过色标识别额定电流(表2-11)。

叶片式熔丝色标对应的额定电流　　　　　　　　　　　　表2-11

额定电流	色标	特性
1A	黑色	在110%的额定电流下,熔丝不会熔断。 在135%的额定电流下,熔丝会在60min内熔断。 在150%的额定电流下:20A以下,熔丝会在15s内熔断; 30A以下,熔丝会在30s内熔断
2A	灰色	
3A	紫色	
5A	褐色	
7.5A	棕色	
10A	红色	
15A	蓝色	
20A	黄色	
25A	无色(透明)	

②盒状熔丝:都标明了_____的数值;可以通过颜色区分额定电流;同叶片式熔丝一样插在熔丝盒中;盒式熔丝的额定电流一般比较大(表2-12)。

盒式熔丝色标对应的额定电流　　　　　　　　　　　　表2-12

额定电流	色标
20A	蓝色
25A	白色
30A	粉色
40A	绿色
50A	红色
60A	黄色

③平板式熔丝(熔线):一般安装在靠近电源处;常用于电流大的用电设备或车辆的供电线路上;平板式熔丝是通过螺钉连接在电路中,在不易使用熔丝或断路器的场合,常用平板式熔丝,节约空间。

(3)汽车空调熔丝的工作原理

熔丝一般由熔体、_____、_____等组成。当电路电流经过熔丝产品时,熔体温度上升。正常工作电流或允许的过载电流通过时,散发的热量与产生的热量达到平衡,熔丝不熔断。如果产生的热量大于散发的热量,本体熔丝温度上升,当温度达到或超过熔丝的熔点时,就会使可熔丝_____、_____而切断电流,起到保护电路功效。

（二）制订工作方案

1. 任务分工

学生任务分配见表 2-13。

学生任务分配表

表 2-13

班级		组号		指导老师	
组长		任务分工			
组员 1		任务分工			
组员 2		任务分工			
组员 3		任务分工			
组员 4		任务分工			
组员 5		任务分工			
组员 6		任务分工			

2. 工量具、仪器设备与耗材准备

（1）使用的工量具有：_____。

（2）使用的仪器设备有：_____。

（3）使用的耗材有：_____。

3. 具体方案描述

_____

_____

_____

_____

_____。

三、计划实施

（一）安全注意事项及技能要点

1. 安全注意事项

（1）拆装前，穿戴安全鞋、工作服、防护手套等。

（2）使用跨接线时，确认连接正确后再通电检修。

（3）万用表测量时，表笔与被测电器紧密接触，防止虚接，造成数据不准。

（4）插拔熔丝或继电器时，关闭电源开关，防止熔丝或继电器熔断损坏。

2. 技能要点

（1）正确使用万用表进行测量。

（2）规范拆卸和安装汽车空调熔丝与继电器。

（3）正确检查汽车空调熔丝与继电器。

（4）按照"8S"要求整理。

（二）汽车空调控制开关检查任务实施

汽车空调控制开关检查操作方法及说明见表2-14。

汽车空调控制开关检查操作方法及说明　　　　　　　　　表2-14

步骤	操作方法及说明	质量标准及记录
1．继电器 与熔丝检查	1．继电器检查 （1）检查万用表开关和表笔连线正常； （2）打开万用表至电阻挡，红黑表笔相连接进行校表； （3）使用万用表测量继电器的85号与86号针脚电阻，标准值为：80~200Ω； （4）使用跨接线，连接85号与86号针脚，并接通蓄电池电源； （5）使用万用表测量继电器的30号与87号针脚之间的电阻，有阻值正常，无阻值开路，应更换新继电器； 	□正确使用万用表 □万用表校正 电压标准值为：蓄电池电压或12V以上 继电器85号与86号针脚电阻值：＿＿＿＿＿ 继电器30号与87号针脚电阻值：＿＿＿＿＿

步骤	操作方法及说明	质量标准及记录
1.继电器与熔丝检查	(6)使用万用表分别测量继电器的30号针脚底座与85号针脚底座电压,应为蓄电池电压,无电压断路,应更换新继电器; (7)使用万用表测量继电器86号针脚底座与蓄电池负极之间的电阻,有阻值正常,无阻值开路,应维修或更换电线; (8)使用万用表测量继电器87号针脚底座与鼓风机插头1号之间的线路电阻,有阻值正常,无阻值开路,应维修或更换电线。 2.熔丝的检测 (1)使用万用表测量熔丝电阻,有阻值正常,无阻值熔断,更换新熔丝;	继电器30号针脚底座电压值:_____ 继电器85号针脚底座电压值:_____ 继电器86号针脚底座与蓄电池负极电阻值:_____ 继电器87号针脚底座与鼓风机之间的线路电阻值:_____ □继电器底座正常 □熔丝正常 熔丝电阻值:_____

续上表

步骤	操作方法及说明	质量标准及记录
1.继电器与熔丝检查	 （2）使用万用表测量空调熔丝1号针脚底座电压,应为蓄电池电压,无电压断路,应维修或更换电线; （3）使用万用表测量空调熔丝2号针脚底座与继电器30号针脚底座之间的线路电阻,有阻值正常,无阻值开路,应维修或更换电线	□熔丝底座电压正常熔丝1号针脚底座电压:_____ 熔丝2号针脚底座与继电器30号针脚底座之间的线路电阻值:_____ □按照"8S"要求整理 □安全环保
2.继电器与熔丝拆卸	（1）关闭点火开关; （2）打开发动机盖; 	□正确打开发动机舱盖 □正确拆卸发动机舱接线盒 □正确拔出熔丝 □正确拔出继电器

续上表

步骤	操作方法及说明	质量标准及记录
	（3）根据电路图找到汽车空调的熔丝与继电器位置； （4）拔出熔丝与继电器 	□按照"8S"要求整理 □安全环保
2.继电器 与熔丝拆卸		

续上表

步骤	操作方法及说明	质量标准及记录
3. 继电器与熔丝安装	汽车空调熔丝与继电器的安装顺序与拆卸相反	□正确安装继电器 □正确安装熔丝 □确认连接牢固 □按照"8S"要求整理 □安全环保

四、评价反馈

评价内容见表2-15。

评价表 表2-15

评分项目	评分标准	分值	得分
学习目标	能明确本任务的知识、技能、素养目标,理解任务在工作中的重要程度	5	
工作任务分析	能清晰描述完成本次工作任务内容	2	
	能清晰描述完成本次工作任务需必备的技能与知识点	2	
有效信息获取	能查阅资料获取汽车空调继电器的作用	5	
	能查阅资料获取汽车空调熔丝的作用	5	
	能查阅资料获取汽车空调熔丝的工作原理	5	
	能查阅资料获取汽车空调继电器的工作原理	5	
实施方案制订	能清晰地制订并填写本次汽车空调继电器、熔丝的检查与更换的准备作业计划	5	
	能按规范流程,完成"汽车空调继电器、熔丝检修操作方法及说明"的"继电器、熔丝的检查"	5	
	能组织或协同工作小组成员交流,优化检查方案并记录	5	
任务实施	能按规范流程,完成汽车空调继电器的拆卸	5	
	能按规范流程,完成汽车空调熔丝的拆卸	5	
	能按规范流程,完成汽车空调继电器的检查	15	
	能按规范流程,完成汽车空调熔丝的检查	5	
	能按规范流程,完成汽车空调继电器的安装	5	
	能按规范流程,完成汽车空调熔丝的安装	5	
任务评价	通过本次任务实施,结合自己在实训过程中的表现,进行自我评价及自我反思并记录	3	

续上表

评分项目	评分标准	分值	得分
职业素养	按规定时间完成项目作业	2	
	遵守实训室管理规定、劳动纪律	2	
	积极参与课堂活动、回答问题	2	
	能够按时出勤	2	
思政要求	养成做事细心、严谨的作风	2	
	提高合作意识和创新精神	2	
	养成良好的安全意识、"8S"管理意识,注重节约、节能和环保	1	
总计		100	

改进建议：

教师签字：

日期：

任务习题 》》》

1. 单选题

(1)汽车空调暖风系统的作用是将车内的空气或从车外吸入车内的空气送入(　　),吸收某种热源的热量,提高空气的温度,并将热空气送入车厢内。

  A. 蒸发器   B. 冷凝器   C. 暖风水箱   D. 出风管道

(2)汽车空调暖风水箱一般安装在汽车驾驶室的(　　)中间下方的位置。

  A. 仪表台   B. 储物箱   C. 前风窗玻璃   D. 转向盘

(3)发动机运转,加热(　　),待温度上升,打开空调开关,吹出暖风。

  A. 冷却液   B. 润滑油   C. 玻璃水   D. 制动液

(4)安装暖风水箱时,更换新(　　),避免冷却液泄漏。

  A. 冷却液   B. 垫片   C. 螺栓   D. 密封圈

(5)汽车空调控制开关可以调节和控制汽车室内的(　　)、湿度、空气清洁度及气流达到最佳状态。

  A. 高温   B. 中温   C. 低温   D. 温度

(6)不是汽车空调控制开关组成的是(　　)。

  A. 制冷开关   B. 温度调节开关

  C. 风量调节开关   D. 音量调节开关

（7）汽车空调控制开关出风模式不包括（   ）。

  A. 正面出风   B. 座椅通风

  C. 脚部出风   D. 前风窗玻璃除雾

（8）汽车空调鼓风机开关的作用是打开或关闭（   ）运转。

  A. 压缩机   B. 鼓风机   C. 电子风扇   D. 出风模式

（9）鼓风机开关位于 1 挡位时，电源接通，鼓风机电路中串联了（   ）个电阻，鼓风机低速运转。

  A. 1   B. 2   C. 3   D. 4

（10）鼓风机电路中串联了 1 个电阻，鼓风机中高速运转，鼓风机开关位于（   ）档位。

  A. 1   B. 2   C. 3   D. 4

（11）检测汽车空调出风大小时，选用的检测仪器是（   ）。

  A. 温度计   B. 风速仪   C. 制冷剂检测仪   D. 检漏仪

（12）（   ）是具有隔离功能的自动开关元件，具有动作快、工作稳定、使用寿命长、体积小等优点。

  A. 继电器   B. 熔丝   C. 二极管   D. 开关

（13）（   ）是起电流过载保护，保护汽车电器、电线等电路设备。

  A. 继电器   B. 熔丝   C. 二极管   D. 开关

（14）继电器一般由铁芯、（   ）、衔铁、触点簧片等组成。

  A. 线圈   B. 线束   C. 电线   D. 电阻

（15）由熔体、电极、支架等组成称为（   ）。

  A. 继电器   B. 熔丝   C. 二极管   D. 开关

2. 判断题

（1）拆卸暖风水箱与管路连接部位时，不用专用袋盛装剩余冷却液。   （   ）

（2）冷却液排放时，使用专业容器回收。   （   ）

（3）暖风水箱应无变形、锈蚀、磨损、泄漏等情况。   （   ）

（4）更换暖风水箱密封圈，无须涂抹凡士林。   （   ）

（5）起动发动机，旋转风量旋钮至 2 挡，汽车空调压缩机运转。   （   ）

（6）当前风窗玻璃结雾时，可以将出风模式调至前风窗玻璃出风模式或前风窗玻璃与脚部出风模式进行除雾，避免影响驾车视线。   （   ）

（7）分离汽车空调控制开关插座时，可以用力搲开。   （   ）

（8）鼓风机开关位于 4 挡位时，电源接通，鼓风机电路中不串联电阻，鼓风机高速运转。   （   ）

（9）汽车空调鼓风机叶片检查，表面应干净无杂物。   （   ）

（10）继电器通过闭合、分离，从而达到在电路中的导通、切断的目的。   （   ）

（11）当温度达到或超过熔丝的熔点时,就会使熔丝熔化、熔断而切断电流,起到保护电路功效。 （　　）

（12）在电源开关打开时,插拔熔丝或继电器,不会造成熔丝或继电器熔断损坏。

（　　）

（13）打开万用表至电阻挡,校表后再测量相关电气元器件。 （　　）

（14）继电器的电阻值标准为:80~200Ω。 （　　）

（15）冬天天气较冷,为了提升车厢内的驾乘舒适度,开启制冷模式,达到舒适温度。 （　　）

3. 实操练习题

完成汽车空调暖风出风温度低的故障检修。

汽车空调异味故障检修

学习目标 »»»

1. 知识目标

(1) 能描述汽车空调系统的组成。

(2) 能描述汽车空调通风系统各部件的作用、组成及结构。

(3) 能描述汽车空调滤清器的作用及安装位置。

(4) 能描述汽车空调滤清器的结构特点。

(5) 能描述汽车空调蒸发器的作用及安装位置。

(6) 能描述汽车空调蒸发器的类型。

2. 技能目标

(1) 能识别汽车空调系统各部件的安装位置。

(2) 能规范完成汽车空调滤清器的检查、拆卸和安装。

(3) 能规范完成汽车空调通风管道的检查与清洗。

(4) 能规范完成汽车空调蒸发器的拆装与清洗。

(5) 能根据检修计划,规范选择工具、检测仪器与设备。

(6) 能正确记录、分析各种检测结果,完成维修工单、工作页的填写。

3. 素养目标

(1) 养成做事细心、严谨的作风。

(2) 提高合作意识和创新精神。

(3) 养成良好的安全意识、"8S"管理意识,注重节约、节能和环保。

(4) 培养爱党报国、诚实守信、爱岗敬业的意识,培养精益求精的工匠精神。

参考学时 »»»

40 学时

任务描述 »»»

一辆汽车进厂维修,客户反映开空调时车内有异味。该车配置为手动空调,且仪表未出现异常故障报警情况。经班组长确认后,需要对空调滤清器、蒸发器及通风管道、冷凝器进行维护。

学习活动1 汽车空调滤清器的检查与更换

一、明确任务

根据任务描述,需要对汽车空调滤清器进行检查与更换,使其恢复正常使用性能。

二、工作准备与计划制订

(一)知识准备

1.汽车空调滤清器的安装位置

汽车空调滤清器一般安装在_____。

2.汽车空调滤清器的作用

空调滤清器俗称花粉滤清器,其作用是过滤从外界进入车厢内部的空气,使空气的洁净度提高,给车内乘员创造良好的空气环境,保护车内乘员的身体健康,防止玻璃雾化,以及防止微小颗粒物、灰尘等杂质进入空调系统损坏空调系统。

3.汽车空调滤清器的类型

空调滤清器的常用类型分为普通型空调滤清器和_____空调滤清器两大类。

(1)普通型空调滤清器

图3-1所示为普通型空调滤清器,一般由特定的环保过滤材料经加工折叠后做成,多为白色单层。普通型空调滤清器只能起到抑制灰尘和颗粒物进入的作用。

图3-1 普通型空调滤清器

（2）活性炭系列空调滤清器

图 3-2 所示为活性炭系列空调滤清器,是由两面非织造布(无纺布)复合、中间夹有微小的颗粒活性炭做成的活性炭滤布,再深加工制作成空调滤清器。活性炭系列空调滤清器能利用颗粒活性炭本身的物理性能,吸附空气中其他微小颗粒和更多有害物质,其过滤效果要比普通型空调滤清器好得多。

4.汽车空调滤清器芯的更换周期

汽车空调滤清器的更换周期一般是根据 _____ 或 _____ 来进行判断。具体要结合车辆当地行驶的条件,包括环境、路况等进行综合评估。一般车辆每半年或每行驶 10000 公里

图 3-2 活性炭系列空调滤清器

需要进行对空调滤清器进行检查,每年或每行驶 20000 公里需要进行更换,具体根据各车型维修手册确定。如果环境干湿度对比大,常年气候干燥,风沙大,应提前更换。

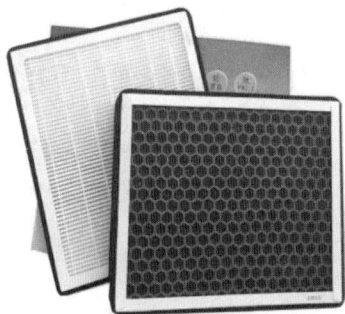

（二）制订工作方案

1.任务分工

学生任务分配见表 3-1。

学生任务分配表 表 3-1

班级		组号		指导老师	
组长		任务分工			
组员 1		任务分工			
组员 2		任务分工			
组员 3		任务分工			
组员 4		任务分工			
组员 5		任务分工			
组员 6		任务分工			

2.工量具、仪器设备与耗材准备

（1）使用的工量具有:_____。

（2）使用的仪器设备有:_____。

（3）使用的耗材:_____。

3.具体方案描述

_____

_____

_____

_____

_____。

三、计划实施

(一)安全注意事项及技能要点

1. 安全注意事项

根据操作规范要求,安装防护三件套、挡块,检查驻车制动器操纵杆、挡位是否处于安全位置。

2. 技能要点

(1)正确使用拆装工具,规范拆卸和安装汽车空调滤清器。

(2)正确检查汽车空调滤清器。

(3)按照"8S"要求整理。

(二)汽车空调滤清器检查与更换任务实施

汽车空调滤清器检查与更换操作方法及说明见表3-2。

汽车空调滤清器检查与更换操作方法及说明 表3-2

步骤	操作方法及说明	质量标准及记录
1. 汽车空调滤清器拆卸	(1)关闭点火开关,拉起驻车制动器; (2)打开汽车副驾驶储物箱,拆卸储物箱固定螺钉,取出储物箱; (3)查看维修手册,确认空调滤清器位置; (4)拆下空调滤清器盖板,取出空调滤清器 	□正确拆卸汽车副驾驶储物箱 □按照"8S"要求整理 □安全环保

步骤	操作方法及说明	质量标准及记录
2.汽车空调滤清器检查	（1）检查空调滤清器是否已经严重破损，若是应更换空调滤清器； （2）检查空调滤清器有无发霉、异味严重、严重脏污等情况，若是应更换空调滤清器； （3）比较拆下空调滤清器前后空调出风口出风量的差别，若相差较大，则说明空调滤清器明显堵塞，若经清洁后仍无效则应更换空调滤清器； （4）经检查，若空调滤清器已经达到需更换标准则直接更换，若没达到更换标准，则清洁后可继续使用，清洁空调滤清器的方法如下： 将压缩空气自下而上通过空调滤清器来进行清洁，吹尘枪与空调滤清器保持 5cm 的距离，压缩空气以 500kPa 压力为宜 	□正确判断空调滤清器是否需要更换 □按照"8S"要求整理
3.汽车空调滤清器安装	（1）将清洁干净或新的空调滤清器装入鼓风机上方的空调滤清器座内； （2）安装空调滤清器盖板 注意安装一定要牢固，否则运行空调系统将会产生异响； （3）安装副驾驶位储物箱	□按照拆卸相反的步骤装复 □按照"8S"要求整理

四、评价反馈

评价内容见表3-3。

评价表   表3-3

评分项目	评分标准	分值	得分
学习目标	能明确本任务的知识、技能、素养目标,理解任务在工作中的重要程度	5	
工作任务分析	能清晰描述完成本次工作任务内容	2	
	能描述完成本次工作任务必备的技能与知识点	2	
有效信息获取	能查阅资料获取汽车空调滤清器的作用	10	
	能查阅资料获取汽车空调滤清器的安装位置	10	
实施方案制订	能清晰地制订并填写本次汽车空调制冷系统元件检修的准备作业计划	5	
	能清晰地制订并填写本次汽车空调滤清器检修的准备作业计划	5	
	能组织或协同小组成员交流,优化方案并记录	5	
任务实施	能按规范流程,完成汽车空调滤清器的拆卸	10	
	能按规范流程,完成汽车空调滤清器的检修	20	
	能按规范流程,完成汽车空调滤清器的安装	10	
任务评价	通过本次任务实施,结合自己在实训过程中的表现,进行自我评价及自我反思并记录	3	
职业素养	按规定时间完成项目作业	2	
	遵守实训室管理规定、劳动纪律	2	
	积极参与课堂活动、回答问题	2	
	能够按时出勤	2	
思政要求	养成做事细心、严谨的作风	2	
	提高合作意识和创新精神	2	
	养成良好的安全意识、"8S"管理意识,注重节约、节能和环保	1	
总计		100	
改进建议:			

教师签字:

日期:

学习活动2　汽车空调通风管道的检查与清洗

一、明确任务

根据任务描述,需要对汽车空调通风管道进行检查与清洗,使其恢复正常使用性能。

二、工作准备与计划制订

(一)知识准备

1.汽车空调通风系统

通风系统的主要功能是_____,即将车外的新鲜空气引入车内,如图3-3所示,将车内的污浊空气排出车外,使车内的空气保持新鲜,提高汽车的舒适性。同时通风系统还具有对_____的作用。

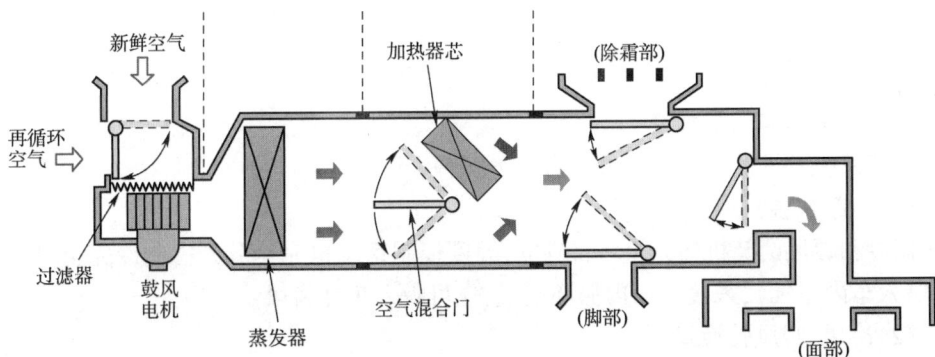

图3-3　汽车空调通风系统

目前汽车上的通风有以下两种方式。

(1)自然通风。

自然通风是利用汽车行驶中产生的_____进行通风。自然通风是利用汽车在行驶时,对车外部所产生的风压,通过进风口和排风口,实现通风换气。一般车身大部分是负压区,仅前面风窗玻璃及前围板上部等少部分为正压区,在设置时要求进风口必须装在正压区,排风口装在负压区以便利用汽车行驶所产生的动压而引入大量的新鲜空气,如图3-4所示。这种通风方式因为不需要另外加动力,所以比较经济;但在汽车低速行驶的时候通风效果较差。

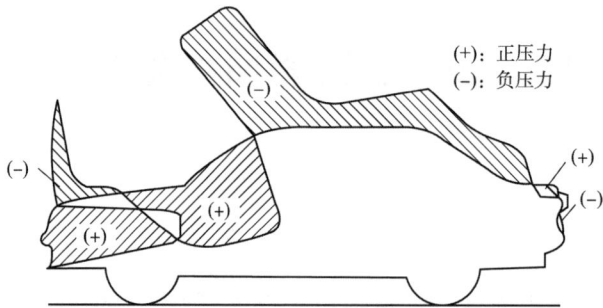

(+): 正压力
(−): 负压力

图 3-4 自然通风

（2）强制通风。

强制通风是利用车上的_____进行强制通风。采用鼓风机强制性的将外界新鲜空气引入车内,鼓风机安装在进风口处,如图 3-5 所示。这种通风方式不受车速的限制,通风效果好。目前汽车空调系统都是利用空调系统的_____进行强制通风。

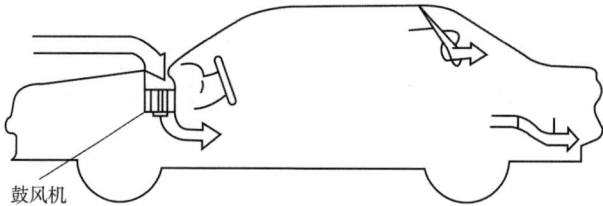

鼓风机

图 3-5 强制通风

2.汽车空调配气系统

配气系统常见的空气混合方式有以下三种。

（1）冷暖风独立式。

制冷和暖风两套机构完全各自独立,温度控制系统也完全分开。制冷完全是内循环(吸入车内空气),采暖可用内循环空气,也可吸入车外新风。

（2）冷风、暖风转换式。

在暖风机的基础上增加蒸发器芯子及冷气出风口,但制冷工作与采暖工作各自分开,不能同时工作(大众迈腾轿车就属于此种)。车内部分形状根据仪表板下空间设计,由几部分拼接而成。

（3）空气混合式。

制冷和采暖完全用一套温度控制系统,可同时工作,采用制暖和制冷,从冷到热温度连续调节。车内部分形状根据仪表板下面空间设计,是一个整体外壳。

目前很多车辆采用这种配气方式。它是在蒸发器与加热器之间设置了可连续改变角度的混合风门,如图 3-6 所示。

由于空气经过加热,温度会升高,为保证达到相同的出风温度,需要加大制冷量,即对从蒸发器出来的空气是经过加深冷却的,这样制冷设备及功耗都要加大一些。

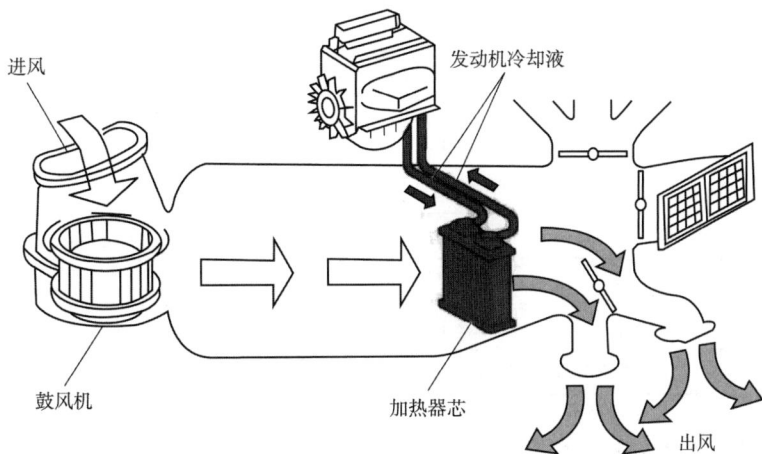

图 3-6 空气混合式空调配气系统

空气混合式配气系统的组成如下。

①第一部分为空气进入段。主要由_____和_____组成,用来控制室内循环空气和室外新鲜空气(外循环空气)进入;

②第二部分为空气混合段。主要由蒸发器、_____和_____(混合风门)组成,用来调节所需温度的空气;

③第三部分为空气分配段。分别可使空气吹向面部、脚部和风窗玻璃上,主要包括_____、_____、除霜门和上、中、下风口。

汽车空调配气系统主要工作过程如下:

①空气进入段的气源门用于控制新鲜空气和室内空气的循环比例。例如:当夏季室外空气温度较高、冬季室外温度较低的情况下,尽量开小风门叶片,使压缩机运行时间减少。当汽车长期运行时,车内空气品质下降,这时应定期开大风门叶片。一般气源门开启比例为 15% ~ 30%。

②空气混合段的调温门主要用于调节通过加热器的空气量,实现降温除湿的变化。当调温门处于全开位置状态时冷空气经过加热器,当调温门处于全闭位置状态时冷空气不经过加热器。这样只要调温门处于全开或全闭位置,就能得到最高或最低温度空气。另外,也可调节调温门处于全开或全闭之间的不同位置,得到不同温度和湿度的空气。

③空气分配段的除霜门、中风门、下风门,可调节空调风吹向风窗玻璃、乘员的中上部或脚部;另外,通过改变控制空调器内风机转速,调节空调出风的流量,来改变人体感觉的温度。

(二)制订工作方案

1. 任务分工

学生任务分配见表 3-4。

学生任务分配表 表 3-4

班级		组号		指导老师	
组长		任务分工			
组员 1		任务分工			
组员 2		任务分工			
组员 3		任务分工			
组员 4		任务分工			
组员 5		任务分工			
组员 6		任务分工			

2. 工量具、仪器设备与耗材准备

(1)使用的工量具有：_____。

(2)使用的仪器设备有：_____。

(3)使用的耗材有：_____。

3. 具体方案描述

_____

_____

_____

_____

_____。

三、计划实施

(一)安全注意事项及技能要点

1. 安全注意事项

根据操作规范要求,安装三件套、挡块,检查驻车制动器操纵杆、挡位是否处于安全位置。

2. 技能要点

(1)正确使用拆装工具。

(2)正确检查汽车空调通风管道。

(3)正确清洗汽车空调通风管道。

(4)按照"8S"要求整理。

(二)汽车空调通风管道的检查与清洗

汽车空调通风管道检查与清洗操作方法及说明见表 3-5。

汽车空调通风管道检查与清洗操作方法及说明　　　　　表 3-5

步骤	操作方法及说明	质量标准及记录
1. 汽车空调通风管道检查	(1) 检查仪表台中间通风口; (2) 检查仪表台右侧通风口; (3) 检查仪表台左侧通风口; (4) 检查暖风总成中的仪表台出风口; (5) 检查玻璃除霜风口; (6) 检查脚出风口; (7) 打开通风模式开关,检查出风转换状态; (8) 检查风门控制电机工作状态; (9) 检查风道联动机构是否正常工作; (10) 检查风门运转是否正常; (11) 检查风道接口是否牢固,无漏风; (12) 检查鼓风机线路是否正常,有无松动现象; (13) 检查空调控制开关导线连接器是否正常; (14) 检查空调控制开关是否正常; (15) 检查出风量的大小,冷暖状态	□正确检查汽车空调通风管道 □按照"8S"要求整理 □安全环保
2. 汽车空调通风管道清洗	(1) 起动车辆,车门全部打开,空调风量调到最大(关闭空调压缩机); (2) 使用空调专用清洗剂喷入空调进气口 10s 左右,隔几秒喷一下,直至清洗剂泡沫充满空调进气口; (3) 开启送风模式,使清洗剂循环到各个风道; (4) 开启热风模式,风速调到最大挡,启用内循环,以便泡沫吹出,3min 后有废液从蒸发器排水管流出	□正确清洗汽车空调通风管道 □按照"8S"要求整理

四、评价反馈

评价内容见表 3-6。

评价表　　　　　表 3-6

评分项目	评分标准	分值	得分
学习目标	能明确本任务的知识、技能、素养目标,理解任务在工作中的重要程度	5	
工作任务分析	能清晰描述完成本次工作任务内容	2	
	能清晰描述完成本次工作任务需必备的技能与知识点	2	
有效信息获取	能查阅资料获取汽车空调通风管道的通风路径	20	

评分项目	评分标准	分值	得分
实施方案制订	能清晰地制订并填写本次汽车空调制冷剂的回收与加注作业计划	5	
	能清晰地制订并填写本次汽车空调通风管道检查的准备作业计划	5	
	能组织或协同工作小组成员交流,优化检查方案并记录	5	
任务实施	能按规范流程,完成汽车空调通风管道的检查	20	
	能按规范流程,完成汽车空调通风管道的清洗	20	
任务评价	通过本次任务实施,结合自己在实训过程中的表现,进行自我评价及自我反思并记录	3	
职业素养	按规定时间完成项目作业	2	
	遵守实训室管理规定、劳动纪律	2	
	积极参与课堂活动、回答问题	2	
	能够按时出勤	2	
思政要求	养成做事细心、严谨的作风	2	
	提高合作意识和创新精神	2	
	养成良好的安全意识、"8S"管理意识,注重节约、节能和环保	1	
总计		100	

改进建议：

教师签字：

日期：

学习活动3 汽车空调蒸发器的检查与更换

✿ 一、明确任务

根据任务描述,需要对汽车空调蒸发器进行检查与更换,使其恢复正常使用性能。

✿ 二、工作准备与计划制订

(一)知识准备

1.汽车空调蒸发器的作用与安装位置

蒸发器和冷凝器一样,也是一种_____,是制冷循环中获得冷气的直接器件,将低温、低压的液态制冷剂蒸发转换为低温、低压的气态制冷剂,吸收周围热量,致使蒸发器表面温度迅速变低(约为1~4℃,甚至可达0℃)。其外形近似冷凝器,但比冷凝器窄、小、厚。鼓风机的风扇将空气吹过蒸发器,制冷剂吸收空气中的热量,达到降温制冷的目的。在降温的同时,空气中的水分也会由于温度降低而凝结在蒸发器散热片上,蒸发器还要将凝结的水分(又称空调水)排出车外。

蒸发器主要由_____和_____组成,在蒸发器的下方还有接水盘和排水管。其通常安装在仪表板后的风箱内,依靠_____使车外空气或车内空气流经蒸发器以便冷却和除湿,如图3-7所示。大型乘用车配置两个蒸发器,一个安装在车前部,一个安装在车后部。

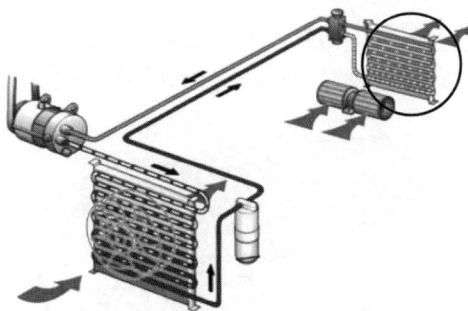

图3-7 蒸发器的安装位置

2.汽车空调蒸发器的类型

蒸发器一般由铝材料制造,其结构类型主要有_____、管带式、_____三种。除此之外,还有一种超薄型(RS)蒸发器。

蒸发器类型

（1）管片式蒸发器。

管片式蒸发器由铜质或铝质的_____或是扁管、_____组成，经胀管工艺使铝翅片与圆管或扁管紧密接触，如图3-8所示。其结构简单、加工方便，但其传热效率较差。

图3-8　管片式蒸发器的结构

（2）管带式蒸发器。

管带式蒸发器由多孔扁管与蛇形散热铝带焊接而成，如图3-9所示。其工艺比管片式复杂，需采用双面复合铝材及多孔扁管材料，但其传热效率比管片式提高10%左右。

图3-9　管带式蒸发器的结构

（3）层叠式蒸发器。

层叠式蒸发器由两片复杂形状的铝板叠在一起构成一个制冷剂通道，每两片通道之间夹有波浪形_____，是专为制冷剂 R134a 提供的蒸发器，如图3-10所示。其需要用双面复合铝材，焊接要求高，加工难度大，但其传热效率最高，结构紧凑。

铝板

图3-10　层叠式蒸发器的结构

（4）RS 蒸发器。

新一代超薄型（RS）蒸发器由_____、管道和_____组成，管道为挤压模塑形成的微孔管道，可以获得很好的热传递性能，实现了蒸发器的薄壁化构造（38mm）。同时，缩小冷却叶片高度、管道厚度和散热片间距，芯部采用薄型材料，既促进了热量传递，又实现了_____和轻量化。此外，蒸发器上采用了清洁涂层，并进行了_____处理，可以抑制因细菌繁殖而产生的异臭，起到了环保的效果。

（二）制订工作方案

1. 任务分工
学生任务分配见表3-7。

学生任务分配表

表3-7

班级		组号		指导老师	
组长		任务分工			
组员 1		任务分工			
组员 2		任务分工			
组员 3		任务分工			
组员 4		任务分工			
组员 5		任务分工			
组员 6		任务分工			

2. 工量具、仪器设备与耗材准备
（1）使用的工量具有：_____。
（2）使用的仪器设备有：_____。
（3）使用的耗材有：_____。

3. 具体方案描述
_____
_____
_____
_____
_____。

⚙ 三、计划实施

（一）安全注意事项及技能要点

1. 安全注意事项
根据操作规范要求，安装防护三件套、挡块，检查驻车制动器操纵杆、挡位是否处

于安全位置。

2. 技能要点

(1)正确使用拆装工具。

(2)正确拆卸汽车空调蒸发器。

(3)正确检查汽车空调蒸发器。

(4)按照"8S"要求整理。

(二)汽车空调蒸发器的检查与更换任务实施

汽车空调蒸发器的检查与更换操作方法及说明见表3-8。

汽车空调蒸发器的检查与更换操作方法及说明 表3-8

步骤	操作方法及说明	质量标准及记录
1. 汽车空调蒸发器拆卸	(1)使用制冷剂回收加注设备回收制冷剂; (2)将乘客侧温度控制开关设置为18℃(60℉),然后断开蓄电池负极电缆; (3)拆下前围上盖板; (4)拆下低压挠性软管支架的装配螺栓; (5)从车辆固定卡子上拆下高压管路1,并断开管路快速接头; (6)拆下乘客侧仪表板和手套箱; (7)拆下鼓风机单元; 	□正确回收空调制冷剂 □是否断开蓄电池负极 □规范使用拆卸工具 □正确封闭管路接头 □按照"8S"要求整理 □安全环保

步骤	操作方法及说明	质量标准及记录
1. 汽车空调蒸发器拆卸	(8)拆下脚部格栅(右); (9)拆下空气混合风门电机(乘客侧)和拆下模式风门电机(乘客侧); 插头　空气混合风门电机(乘客侧)　前 螺钉(2) 模式风门电机(乘客侧)　前　插头 螺钉(2) (10)拆下主连杆(右)和最大制冷风门连杆(右); (11)拆下装配螺钉,然后拆下蒸发器罩盖; 蒸发器罩盖 螺钉(8)	

步骤	操作方法及说明	质量标准及记录
1. 汽车空调蒸发器拆卸	(12)拆下装配螺栓,然后拆下低压管路1和高压管路2; 低压管路1 高压管路2 暖风和制冷单元 (13)滑动蒸发器,并将它从暖风和制冷单元上拆下; (14)从蒸发器上拆下进气传感器,然后拆下蒸发器 进气传感器 蒸发器	
2. 汽车空调蒸发器检查	(1)观察蒸发器外表面是否有积垢、异物,若有应使用软毛刷(或软布、棉纱)和清水清洗。注意不要用硬毛刷和高压水冲刷,致使吸热片变形; (2)检查蒸发器的内部盘管是否有泄漏现象。若有泄漏现象,应由专业修理人员对泄漏处进行焊补; (3)观察蒸发器的排水孔是否清洁、通畅; (4)测试蒸发器内部压力,用专用接头分别将蒸发器的进、出口连接到高低压组合表的截止阀上,并用压缩机向蒸发器加压,压力一般应为1.5MPa左右,停止加压后24h压力应无明显下降。也可用肥皂水涂在系统各处进行检漏	□ 正确判断蒸发器表面脏污情况 □ 正确判断蒸发器管路接口损坏情况 □ 正确判断蒸发器排水孔堵塞情况
3. 汽车空调蒸发器的安装	蒸发器的安装顺序与拆卸相反,注意事项如下: (1)未安装管接头时,不要长时间打开管口保护盖,以免潮气进入;	□ 正确安装蒸发器 □ 正确更换管路接口的○形圈

续上表

步骤	操作方法及说明	质量标准及记录
3. 汽车空调蒸发器的安装	（2）高低压管路更换新的O形圈（高低压管路O形圈不同），并涂抹压缩机机油； （3）管路接口拧紧到规定力矩； （4）不能把蒸发器下方的排水孔堵塞或遮挡，应保证排水顺畅	□装配螺栓达到规定力矩 □按照"8S"要求整理

四、评价反馈

评价内容见表3-9。

评价表　　　　　　　　　　　　　　　　　　表3-9

评分项目	评分标准	分值	得分
学习目标	能明确本任务的知识、技能、素养目标，理解任务在工作中的重要程度	5	
工作任务分析	能清晰描述完成本次工作任务内容	2	
	能清晰描述完成本次工作任务需必备的技能与知识点	2	
有效信息获取	能查阅资料获取汽车空调蒸发器作用及安装位置	10	
	能查阅资料获取汽车空调蒸发器的类型	10	
实施方案制订	能清晰地制订并填写本次汽车空调蒸发器检查的准备作业计划	5	
	能按规范流程，明确本次任务所需的工具仪器设备及耗材	5	
	能组织或协同工作小组成员交流，优化检查方案并记录	5	
任务实施	能按规范流程，完成汽车空调蒸发器的拆卸	10	
	能按规范流程，完成汽车空调蒸发器的检修	20	
	能按规范流程，完成汽车空调蒸发器的安装	10	
任务评价	通过本次任务实施，结合自己在实训过程中的表现，进行自我评价及自我反思并记录	3	
职业素养	按规定时间完成项目作业	2	
	遵守实训室管理规定、劳动纪律	2	
	积极参与课堂活动、回答问题	2	
	能够按时出勤	2	

续上表

评分项目	评分标准	分值	得分
思政要求	养成做事细心、严谨的作风	2	
	提高合作意识和创新精神	2	
	养成良好的安全意识、"8S"管理意识,注重节约、节能和环保	1	
总计		100	

改进建议:

教师签字:

日期:

学习活动 4　汽车空调冷凝器的检查与更换

一、明确任务

根据任务描述,需要对汽车空调冷凝器进行检查与更换,使其恢复正常使用性能。

二、工作准备与计划制订

(一)知识准备

1.冷凝器的安装位置

汽车空调冷凝器是一种_____,一般安装在汽车发动机的_____前面,如

图3-11所示,利用发动机_____吸入新鲜空气和汽车行驶时产生的通风对进行管路中的制冷剂降温冷却,有的车型采用专用的冷凝风扇。有的冷凝器安装在汽车的侧面或底部。

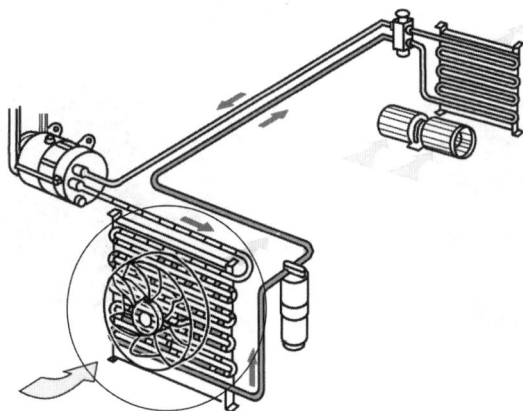

冷凝器结构

图3-11 冷凝器安装位置

2.冷凝器的作用

汽车空调冷凝器作用是把空调压缩机排出的高温高压的气态制冷剂携带的热量散发到车外的空气中,使气态制冷剂冷凝成中温高压的_____。

3.冷凝器的结构类型

冷凝器一般由铝材料制造,由排管和散热片组成,其结构类型主要有_____、管带式和_____三种。

(1)管片式冷凝器。

管片式冷凝器是最传统、最早的冷凝器,由厚度为0.1~0.2mm的铝散热片套在圆管(铜或铝)上构成,采用机械或液压的方法进行胀管,使散热片固定在圆管上并与管壁紧贴,保证热量能通过紧贴的管片进行传递,如图3-12所示。其优点是加工简单、工艺成熟、成本低;缺点是换热效率低,目前已经基本停止使用。

(2)管带式冷凝器。

管带式冷凝器一般是将小扁管弯成蛇形管,在其中放置了_____或是其他类型的散热器片,如图3-13所示。这种类型的冷凝器的_____比管片式的提高15%－20%。

(3)平流式冷凝器。

平流式冷凝器是由管带式演变而成,是由_____、扁管、_____以及连接管组成,是专为制冷剂_____提供的新型冷凝器,如图3-14所示。这种类型的冷凝器传热效率比管带式的提高_____。

4.汽车空调冷凝器的工作原理

将由压缩机输送过来的高压高温的气体(制冷剂蒸气)冷却成高压中温的液体。就像烧开水一样,水蒸气会在锅盖里侧凝结一层水珠(因为锅盖外表面的温度比水蒸汽低很多)通过锅盖向空气中散去大量的热。水蒸气变成水的过程就是冷凝过程,也是一个散热的过程,所以冷凝器就是将制冷剂蒸气冷凝成制冷剂液体的一个器件。因为冷凝器要不断地散热,其表面温度比较高,所以汽车空调系统的冷凝器后方一般安装有冷却风扇,采用强制送风的方式辅助冷凝器将热量交换到大气中。

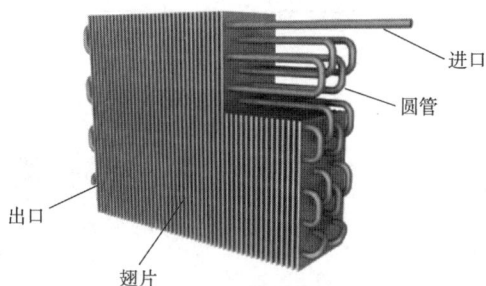

图 3-12 管片式冷凝器的结构

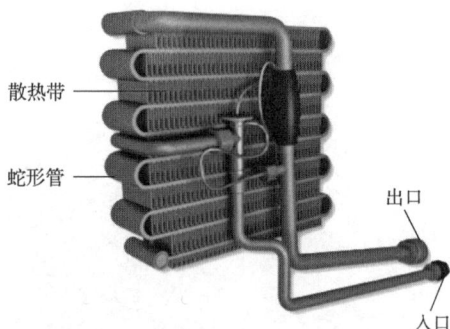

图 3-13 管带式冷凝器的结构

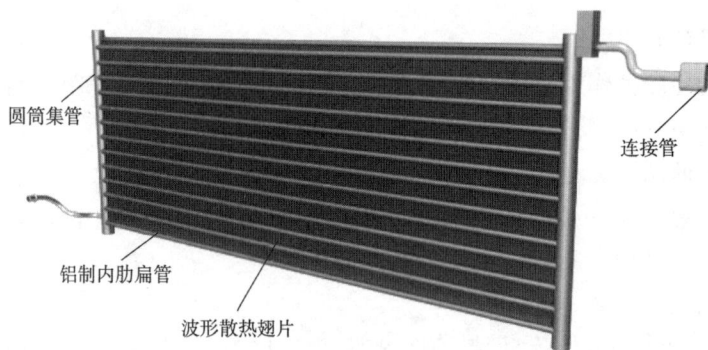

图 3-14 平流式冷凝器的结构

(二)制订工作方案

1. 任务分工

学生任务分配见表 3-10。

学生任务分配表

表 3-10

班级		组号		指导老师	
组长		任务分工			
组员 1		任务分工			
组员 2		任务分工			
组员 3		任务分工			
组员 4		任务分工			

组员5		任务分工	
组员6		任务分工	

2. 工量具、仪器设备与耗材准备

(1)使用的工量具有：_____。

(2)使用的仪器设备有：_____。

(3)使用的耗材有：_____。

3. 具体方案描述

_____

_____

_____

_____

_____

_____。

⚙ 三、计划实施

(一)安全注意事项及技能要点

1. 安全注意事项

根据操作规范要求,安装三件套、挡块,检查驻车制动器操纵杆、挡位是否处于安全位置。

2. 技能要点

(1)正确使用拆装工具。

(2)正确拆卸汽车空调冷凝器。

(3)正确检查汽车空调冷凝器。

(4)按照"8S"要求整理。

(二)汽车空调冷凝器的检查与更换

汽车空调冷凝器检修操作方法及说明见表3-11。

汽车空调冷凝器检修操作方法及说明   表3-11

步骤	操作方法及说明	质量标准及记录
1.汽车空调冷凝器的检查	(1)检查冷凝器进、出口处。若出现泄漏,可能是密封圈老化出现泄漏造成的,需要紧固或更换密封圈;	□正确判断冷凝器表面脏污情况

步骤	操作方法及说明	质量标准及记录
1. 汽车空调 冷凝器的检查	(2)通过车辆正面的散热格栅空隙,目测观察冷凝器表面有无脏污的情况,如果有则会造成冷凝器散热不良,应清洁及更换; (3)拆卸车辆前中网或保险杠及相关附件; (4)用高压气枪吹掉冷凝器上的脏污; (5)用高压气枪吹掉水箱上的脏污,吹尘枪口和冷凝器及水箱要保持一定距离(5cm以上),防止散热器片损坏变形; (6)使用洗涤产品(或专用清洗剂)喷到冷凝器及水箱表面,静置5~10min,用清水反复冲洗冷凝器及水箱表面,冲洗时水压不宜过大,防止散热片损坏变形; (7)检查冷凝器内部是否脏堵。用歧管压力表检查冷凝器内部是否脏堵,如果发现压缩机高压过高,不能正常制冷,冷凝器导管外部有结霜或下部不烫的现象,则说明导管内脏堵或因外部压瘪而堵塞,则更换冷凝器	□高压气枪规范操作

续上表

步骤	操作方法及说明	质量标准及记录
2.汽车空调冷凝器的拆卸	（1）使用制冷剂回收加注设备回收制冷剂（见学习任务一的学习活动2）； （2）断开蓄电池负极； （3）拆下前保险杠； （4）拆下进气管； （5）拆下散热器下托架； （6）将冷凝器上的制冷连接管拆下,注意用乙烯基胶带等合适的材料封闭管路接头,防止异物进入； （7）拆下空调冷凝器 	□正确回收空调制冷剂 □规范使用拆卸工具 □正确封闭管路接口
3.汽车空调冷凝器的安装	冷凝器的安装顺序与拆卸相反,注意事项如下： （1）连接冷凝器管路接头时,区分进口和出口； （2）未安装管接头时,不要长时间打开管口保护盖,以免潮气进入； （3）管路接口更换新的○形圈,并在○形圈上涂抹压缩机机油； （4）管路接口拧紧到规定力矩	□正确安装冷凝器进出口软管 □管路接口达到力矩要求 □按照"8S"要求整理

四、评价反馈

评价内容见表3-12。

评价表　　　　　　　　　　　　表 3-12

评分项目	评分标准	分值	得分
学习目标	能明确本任务的知识、技能、素养目标,理解任务在工作中的重要程度	5	
工作任务分析	能清晰描述完成本次工作任务内容	2	
	能清晰描述完成本次工作任务需必备的技能与知识点	2	
有效信息获取	能查阅资料获取汽车空调冷凝器的作用及安装位置	10	
	能查阅资料获取汽车空调冷凝器的类型	10	
实施方案制订	能清晰地制订并填写本次汽车空调冷凝器检查的准备作业计划	5	
	能组织或协同工作小组成员,明确本次任务所需仪器设备、工具、材料的准备与清点,并准备记录	5	
	能组织或协同工作小组成员交流,优化检查方案并记录	5	
任务实施	能按规范流程,完成汽车空调蒸发器的拆卸	10	
	能按规范流程,完成汽车空调蒸发器的检修	20	
	能按规范流程,完成汽车空调蒸发器的安装	10	
任务评价	通过本次任务实施,结合自己在实训过程中的表现,进行自我评价及自我反思并记录	3	
职业素养	按规定时间完成项目作业	2	
	遵守实训室管理规定、劳动纪律	2	
	积极参与课堂活动、回答问题	2	
	能够按时出勤	2	
思政要求	养成做事细心、严谨的作风	2	
	提高合作意识和创新精神	2	
	养成良好的安全意识、"8S"管理意识,注重节约、节能和环保	1	
总计		100	

改进建议：

教师签字：

日期：

📐 任务习题 》》》

1. 单选题

(1) 目前,我国乘用车上主要采用全铝层叠式和管带式蒸发器,大型客车上主要采用铜管铝片式蒸发器,中型客车以(　　)为主。

    A. 管带式　　　　B. 管片式　　　　C. 层叠式　　　　D. 铜管铝片式

(2) 汽车空调冷凝器的管片材料最早是全铜的,现在大部分是(　　),少量有采用铜管铝片的。

    A. 全铝　　　　B. 镍　　　　C. 铁　　　　D. 铱

(3) 汽车空调滤清器的更换周期一般为(　　)或行驶 8000 ~ 10000km 时更换。

    A. 一年　　　　B. 半年　　　　C. 一年半　　　　D. 两年

(4) 汽车空调通风管道发出异味,不可能的故障原因是(　　)。

    A. 空调滤清器装反　　　　　　B. 空调滤清器发霉

    C. 风道脏堵　　　　　　　　　D. 蒸发器芯发霉

(5) 汽车空调蒸发器吹出的风有异味,可能的故障原因是(　　)。

    A. 暖风芯泄漏　　　　　　　　B. 暖风芯漏水

    C. 鼓风机脏堵　　　　　　　　D. 空调滤清器脏堵

(6) 汽车空调通风管道检修工序不包括(　　)。

    A. 检查滤清器芯　　　　　　　B. 检查风道

    C. 检查空调鼓风机　　　　　　D. 检查蒸发器芯

(7) 安装空调滤清器时,将空调滤清器按照侧面(　　)指示的方向,水平装入空调滤清器壳。

    A. UP　　　　B. DOWN　　　　C. ↑　　　　D. ↓

(8) 汽车空调系统中冷凝器的作用是(　　)。

    A. 控制制冷剂气体流量　　　　B. 吸收车厢中的热量

    C. 散发制冷剂气体热量　　　　D. 以上都不是

(9) 汽车空调系统的冷凝器一般安装在(　　)。

    A. 乘员舱内　　　　　　　　　B. 仪表盘下面

    C. 发动机散热器的前面　　　　D. 蒸发器附近

(10) 在维修冷凝器时,甲说:可用溶剂和软毛刷清洗散热片之间的灰尘;乙说:可用梳子校直冷凝器的散热片。正确的是(　　)。

    A. 甲正确　　　　B. 乙正确　　　　C. 两人均正确　　　　D. 两人均不正确

(11) 空调系统中蒸发器的作用是(　　)。

    A. 控制制冷剂气体流量　　　　B. 吸收车厢中的热量

    C. 散发制冷剂气体热量　　　　D. 以上都不是

(12) 汽车空调正常工作时,蒸发器流动的是(　　)的制冷剂气体。

A. 高压低温液态　　　　　　　　B. 低压低温气态

C. 高压高温气态　　　　　　　　D. 高压中温液态

(13)大众迈腾轿车采用的配气系统属于(　　　)。

A. 冷暖风独立式　　　　　　　　B. 冷风、暖风转换式

C. 空气混合式　　　　　　　　　D. 全自动式

(14)汽车通风系统的主要功能是(　　　)。

A. 控制制冷剂气体流量　　　　　B. 吸收车厢中的热量

C. 散发制冷剂气体热量　　　　　D. 以上都不是

(15)汽车空调检测合格出风口温度范围应为(　　　)℃。

A. 0～4　　　　　B. 4～10　　　　　C. 10～15　　　　　D. 15～20

2. 判断题

(1)蒸发器的作用是将经过节流元件节流升压后的制冷剂在蒸发器内沸腾汽化。

(　　　)

(2)汽车空调冷凝器安装时,从压缩机输出的气态制冷剂一定要从冷凝器下端入口进入。　　　　　　　　　　　　　　　　　　　　　　　　　　(　　　)

(3)蒸发器表面脏对空调制冷效果无影响。　　　　　　　　　(　　　)

(4)冷凝器表面脏对空调制冷效果有影响。　　　　　　　　　(　　　)

(5)一般汽车空调正常工作时,蒸发器表面温度在不结霜的前提下应越低越好。

(　　　)

(6)过滤除尘主要是指对尘埃的筛滤、拦截、惯性和扩散作用。　　(　　　)

(7)汽车空调系统的空气需要净化的是车厢外空气和车内循环空气。(　　　)

(8)典型空气净化装置中,粗滤器用于过滤粗大的杂质。　　　　(　　　)

(9)空调滤清器脏堵可能导致汽车空调工作时吹出的风有异味。　(　　　)

(10)汽车行驶时,强制通风和动压通风一起使用。　　　　　　(　　　)

(11)蒸发器泄漏可能导致汽车蒸发器吹出的风有异味。　　　　(　　　)

(12)冷凝器的管片材料最早是全铜的,现在大部分是全铝的,少量有采用铜管铝片的。　　　　　　　　　　　　　　　　　　　　　　　　　　(　　　)

(13)如果蒸发器出现故障,可能会导致汽车空调制冷能力下降。　(　　　)

(14)空调滤清器发霉可能导致汽车空调通风管道发出异味。　　(　　　)

(15)空调滤清器的更换周期可以根据外界环境来定,如果环境湿度对比大,常年气候干燥,风沙大,应提前更换。　　　　　　　　　　　　　　　　(　　　)

3. 实操练习题

完成汽车空调蒸发器的检修。

附录

本教材配套数字资源列表

序号	资源名称	资源类型	所在页码
1	空调制冷系统工作原理	视频	5
2	储液干燥器结构	视频	7
3	H 型膨胀阀	视频	11
4	空调压缩机结构	视频	32
5	电磁离合器工作原理	视频	58
6	电磁离合器 3D 结构展示	视频	59
7	空调暖风系统工作原理	视频	71
8	蒸发器类型	视频	119
9	冷凝器结构	视频	127

参考文献

[1] 张蕾.汽车空调[M].3版.北京:机械工业出版社,2020.

[2] 人力资源社会保障部教材办公室组织编写.汽车空调简单故障检修[M].北京:中国劳动社会保障出版社,2021.

[3] 庞柳军,吴高飘.汽车空调系统维修[M].北京:人民交通出版社股份有限公司,2020.

[4] 李晓娜,刘春晖.汽车空调系统原理与检修[M].北京:机械工业出版社,2021.

[5] 方作棋,王科东.汽车空调系统维修理实一体化教材[M].2版.北京:人民交通出版社,2021.

[6] 施明香,段德军.汽车空调[M].2版.北京:机械工业出版社,2022.

[7] 王新艳,李江江.汽车空调系统检修[M].北京:机械工业出版社,2023.